U0928676
鴻蒙誠品 HONGMENG BOOKS

极致优雅

香奈儿传

王小娴　著

台海出版社

图书在版编目（CIP）数据

极致优雅：香奈儿传 / 王小娴著. —北京：台海出版社，2020.10

ISBN 978-7-5168-2715-4

Ⅰ. ①极… Ⅱ. ①王… Ⅲ. ①夏内尔(Chanel, Gabrielle 1883-1971)—传记 Ⅳ. ①K835.655.7

中国版本图书馆CIP数据核字(2020)第165288号

极致优雅：香奈儿传

著　　者：王小娴

出 版 人：蔡　旭　　　　封面设计：源画设计

责任编辑：王慧敏

出版发行：台海出版社

地　址：北京市东城区景山东街20号　　　邮政编码：100009

电　话：010－64041652（发行，邮购）

传　真：010－84045799（总编室）

网　址：www.taimeng.org.cn/thcbs/default.htm

E-mail：thcbs@126.com

经　销：全国各地新华书店

印　刷：三河华晨印务有限公司

本书如有破损、缺页、装订错误，请与本社联系调换

开　本：880毫米×1230毫米　　1/32

字　数：156千字　　印　张：8

版　次：2020年10月第1版　　印　次：2021年4月第1次印刷

书　号：978-7-5168-2715-4

定　价：49.80 元

序言

有一种精彩，叫香奈儿

她是20世纪最优秀的时装设计大师；

她是世界著名的时尚女王；

她设计了小黑裙；

她创造了香奈儿5号香水；

她创建了简约中透出奢华的香奈儿品牌；

她，就是可可·香奈儿（Coco Chanel）。

香奈儿出生在一个非常糟糕的家庭，经历了悲惨灰暗的童年，度过了平凡孤独的少年，以一个小裁缝的身份进入社会。从此，她踏上了逆袭之路。

香奈儿的人生有两条主线——事业和爱情。商场得意，而情场失意是她一生最准确的总结。

辉煌的时尚事业

1910 年，开了第一家属于自己的帽子店。

1913 年，开设服饰店，把产品从帽子扩展到各种服装和饰品。

1916 年，设计风格获得媒体的赞誉，雇员达到 300 人。

1918 年，扩张了巴黎的精品店，入驻高端商业街康朋街（Rue Cambon）。

1921 年，推出香奈儿 5 号香水，并因为这款香水获得巨额财富。

1924 年，成立珠宝设计室，进军珠宝饰品行业。

1931 年，前往好莱坞，把时尚带入电影。

1935 年，事业达到巅峰，雇员近 4000 人。

1939 年，“二战”爆发，关店躲避战乱，随后离开时尚界，前往瑞士隐居。

1954 年，已经 71 岁的她，顶着巨大压力复出。

1955 年，推出大爆款 Channel2.55 手袋。

直到去世前，香奈儿都还在工作。她把自己的一生都献给了最爱的事业——服装设计，从而成为万众瞩目的“时尚女王”。

“丰富”的感情生活

人们只看到了香奈儿头上的光环，却没有看到她伤痕累累的心灵。

香奈儿一生拥有很多情人，从军官艾提安·巴勒松到商人亚瑟·卡佩尔，从音乐家斯特拉文斯基到诗人皮埃尔·勒韦迪，从英国首富西敏公爵到设计师保罗·埃里布，最后到德国人冯·丁克拉格，却没有一个能和她走进婚姻的殿堂。她拥有无数的财富，崇高的社会地位，却一直生活在孤独之中。内心的空虚一直折磨着她。

她开创了辉煌的事业，却无法开阔自己的心灵，享受世间的温情。在内心深处，她认为自己是一个生活的失败者，没有丈夫，没有孩子，没有家庭，只是一个在事业和工作中流浪的孤儿。

东山再起的传奇

人生七十古来稀。在人生的最后一段时光，大多数人会选择安度晚年，而香奈儿却没有。她毅然选择了再次起航，重返时尚界。这需要巨大的勇气和坚强的毅力。

复出后的香奈儿虽然经历了波折，但最终又重新站在了时尚界的金字塔顶，其独特的风格风靡全球。对此，美国《生活》杂志说：“71 岁高龄的可可·香奈儿所呈现的与其说是一种潮流，不如说是一场革命。”

慷慨的慈善家

香奈儿资助过很多艺术家，不止一次为朋友支付葬礼的费用，而且很低调。她一直资助两个弟弟，为他们购买房产，为子侄安排工作。她的姐姐自杀后，她把姐姐的儿子接过来抚养，而当时她的事业才刚刚起步，并没有多少钱。

香奈儿专门成立了可可·加布里埃尔基金会，用来为曾为她服务过的厨师、女佣、助理、管家、司机，以及公司的员工派发养老金。

香奈儿的一生足够精彩，也足够传奇，但同时也充满悲情。虽然拥有无数的财富，但这些无法抚慰她内心的孤独和寂寞。她就像一个旅人，在心灵的荒原上无助地流浪，踽踽前行，一走就是88个春秋。

香奈儿走了，却留下了永恒的经典。

香奈儿经典语录

♀ 我的生活不曾取悦我，所以我创造了自己的生活。

♀ 最适合你的颜色，才是世界上最美的颜色。

♀ 与其在意别人的背弃和不善，不如经营自己的尊严和美好。

♀ 时尚并不是一种艺术，它是一种职业。

♀ 我拒绝可爱，我就是傲慢的，我绝不低头。

♀ 有些人很有钱，而有些人很富有，但只有懂得生活品位的富人才懂得享受人生。

♀ 我崇拜美，但是讨厌所有仅仅只是漂亮的东西。

♀ 如果你想要无可取代，就必须时刻与众不同。

♀ 我是如此热爱黑色，它的力量穿越时空，横扫万物。

♀ 取得成功的人往往是不知道失败是无可避免的那些人。

♀ 穿着破旧的裙子，人们记住的是裙子；穿着优雅的裙子，人们记住的是穿裙子的女人。

♀ 我从不是一个女英雄。但是我选择了我想成为的样子，而我现在正如自己所愿。即使我不被爱、不讨人喜欢又能怎样?

♀ 开始做自己就开始变美丽。

♀ 失败固然痛苦，保持现状，却更加悲哀。

♀ 简朴并不是赤脚或是穿木鞋走路,简朴源自精神,它应由心所生。

♀ 一个女人应该是这样：优雅而艳丽。

♀ 一个太美的女人会使其他女人不快，而一个太丑的女人则会令男人们伤心。

♀ 我爱奢侈。奢侈并不意味着贵重与装饰华丽，奢侈就是屏除粗俗（庸俗）。粗俗是我们语言中最丑的一个词。我从事设计就是为了对抗粗俗。

♀ 服装真正的目的不在于修饰仪表，而是展现你的本质。

♀ 时装是建筑学，一个关于穿衣比例的题目。

♀ 你生命只有一次，还是有趣点好。

♀ 我剪短头发，我不是改变时尚，我就是时尚。

♀ 女人若没有爱，死后也不能留下什么。

♀ 孤独锤炼出我的个性，让我拥有暴躁、冷酷又傲慢的灵魂和强健的身体。我的一生是一个孤独女人的故事；这故事关乎她的不幸与伟大，关乎她所坚持的抗争——她和自己、和男人的抗争，她和随时随地可能碰上的诱惑、危险和脆弱的抗争。

♀ 你可以穿不起香奈儿，也可以没有多少衣服可供选择，但你一定要拥有一件最重要的衣服，那件衣服叫作“自我”。

♀ 恋爱的终点，是独自离开。

♀ 我不喜欢有人说CHANEL为时髦。CHANEL风格首位。流行稍纵即逝，风格永存。

♀ 不用香水的女人没有未来。

♀ 给女性神秘感等于给回她们青春。

♀ 一个太好的女人，总会让男人们感到厌烦。

目录

PART 1
传奇从不幸开始：“我没有家，没人爱，也没有父母”（1883—1906）

PART 2
从裁缝到“女王”：金丝雀追求自由独立的典范（1907—1920）

PART 3

香水 珠宝 情人：香奈儿的中年“三部曲”（1921—1938）

PART 4
人生低谷：
香奈儿最失意的十五年
（1939—1953）

PART 1

传奇从不幸开始：“我没有家，没人爱，也没有父母”

（1883—1906）

功成名就的背后往往充满痛苦、艰辛和悲伤。作为时尚女神、20 世纪法国的标志之一，香奈儿无疑是成功的典范，然而，她成年前的经历，却是一场不堪回首的噩梦。私生女的身份、半流浪的童年、被遗弃的痛苦、修道院的枯寂，以及初入社会的艰辛，让香奈儿更早地成熟，也更加敏感、自卑和倔强。所以，香奈儿说："我没有家，没人爱，也没有父母。"

第一章

加布里埃尔·香奈儿——贫民窟的凤凰

我一路逆流而上，才学会了坚强。是痛苦让人坚强，而不是幸福。

——可可·香奈儿

“流浪”的童年

1883年8月19日，香奈儿出生于法国卢瓦尔省的一个小镇上。

香奈儿的父亲叫阿尔伯特·香奈儿，是一个流动商贩（货郎），以贩卖男子服装和家居用品为生。

阿尔伯特喜欢四处游荡，不愿意在任何一个地方扎根，是一个典型的浪荡子。但是，他能说会道，爱出风头，善于交际，在女孩子眼里很有魅力。在法国奥弗涅的一个集市上，阿尔伯特认识了16岁的欧仁妮·让娜，也就是香奈儿的母亲。

凭借“高超的手段”，阿尔伯特很快赢得了让娜的芳心，并使她怀了身孕。但是，没过多久阿尔伯特就去外面游荡，留下了可怜的让娜。让娜怀孕的事最终让家人发现了，她的家人非常恼怒，但又无可奈何。

在家人的帮助下，让娜找到了阿尔伯特。但是，阿尔伯特拒绝和她结婚，只是承认了自己是孩子的父亲。一个月后，也就是1882年9月11日，孩子出生了。这个孩子就是香奈儿的姐姐朱利娅。

第二年，让娜生下了第二个女儿，即香奈儿。由于他们没有结婚，所以，香奈儿成了私生女。这在香奈儿来看，是自己人生的污点。

在让娜快要生孩子的时候，阿尔伯特又出去游荡了，他不愿意承担责任。没有办法，让娜自己联系了一家慈善医院，让医院帮忙接生。医院里一位好心的修女为出生的孩子起了名字——加布里埃尔·香奈儿（Gabrielle Bonheur Chanel）。

让娜带着两个孩子，过得很辛苦。阿尔伯特的小货摊根本就赚不了多少钱，而且他的心思也没有在小货摊上，整天东游西荡。为了生计，让娜不得不去别人家里做佣人。

让娜的家人实在不忍心她如此辛苦，就决定帮助她。让娜的舅舅告诉阿尔伯特，如果他迎娶了让娜，将得到5000法郎的陪嫁，而且他们还可以搬回奥弗涅居住。在当时，5000法郎是一笔不小的数目。

阿尔伯特不愿意受到婚姻的束缚，也不想承担养家的责任，只想自由自在，浪迹天涯，与女人谈情说爱。但是，在5000法郎的诱惑下，他最终答应与让娜结婚。

1884年11月，让娜与阿尔伯特举行了婚礼。

阿尔伯特曾经梦想成为服装店的老板，把生意做大，但浮躁懒惰、害怕担责的品行成了障碍。5000法郎在他的挥霍下很快消耗一空，但他的事业仍然还在憧憬之中。

让娜的家人本来就不喜欢阿尔伯特，甚至是有些恨他。现在看到他如此败家，不务正业，就更加看不惯他。阿尔伯特也觉得很不舒服，就带着让娜和两个女儿离开了奥弗涅。

在随后的几年里，他们一家一直在漂泊中度过，生活很艰苦。阿尔伯特没有任何收敛，依然是经常扔下妻子和孩子去外面乱逛，而让娜则经常独自（把孩子寄养在亲戚家）或者带着孩子到处寻找自己的丈夫。香奈儿就是在这种境况中慢慢地成长。

后来，香奈儿的一个妹妹和三个弟弟先后出生了，但最小的那个弟弟夭折了。

漂泊不定的生活让香奈儿很没有安全感。再加上经常会面对那些鄙夷的表情、嘲讽的语言和冷漠的目光，她觉得很孤独，甚至有些无助和绝望。

后来，香奈儿回忆起惨痛的童年经历时说：“没有比这更凄厉的童年了。我很快就懂得，生活是一件可怕的事情。”

母亲去世

父亲靠不住，母亲成了香奈儿唯一的希望。然而，由于过多的操劳，再加上多次生育，母亲让娜的身体状况越来越差。

阿尔伯特根本就不在乎让娜的身体状况，有时甚至还打她。在那个年代，丈夫打骂妻子是非常正常的事情。可怜的让娜，为了丈夫不惜与自己的家庭决裂，结果却换来了无情的抛弃和打骂。

让娜的身体非常虚弱，经常躺在床上难以起身。好在朱利娅和香奈儿虽然很小，但也能干一些活了。她们姐妹两个帮助母亲撑起了这个破烂不堪的家。

后来，让娜患上了慢性肺炎，经常剧烈地咳嗽。对于香奈儿来说，母亲剧烈咳嗽时喷在手绢上的斑斑血迹成了她记忆中最刺目的印记。让娜的情况越来越糟，并发起了高烧，但由于没有钱，无法就医，就只能硬扛着。

1895 年 2 月的一天早晨，让娜再也撑不下去了，带着无尽的心酸、痛苦和不舍离开了这个世界。当时，阿尔伯特一如既往地没有在家，而是在外地“做生意”，谋求生计，只有 12 岁的朱利娅和 11 岁的香奈儿陪在母亲身边，其他的弟妹寄养在亲戚家。

让娜去世时只有 31 岁，还非常年轻，但无情而无能的丈夫和沉重的生活摧毁了她。

对于母亲的去世，香奈儿在后来的谈话中很少提及各种细节。也许这是她心中最痛的伤疤，她不愿去碰触。

让娜的安葬事宜是由阿尔伯特的弟弟，也就是香奈儿的叔叔来安排操办的。虽然让娜的家人和亲戚很不满，但现在让娜已经死了，再说什么都没有多大意义了。

11 岁的香奈儿失去了母亲，饱受不幸折磨的她再次领教了命运的残酷和人生的无常。

被无情地遗弃

让娜去世后，香奈儿姐弟几个的安置成了大问题。这时，得到妻子去世消息的阿尔伯特回来了。

阿尔伯特无力抚养自己的孩子，当然他也不愿意抚养，他还要"去外面发财，开辟一番事业"。

让娜的家人也不愿意收养香奈儿姐弟，他们已经失望透顶，而且当时他们谁的家里也不富裕，没有能力养活更多的人。另外，由于香奈儿姐弟一直处于半流浪的生活，养成了许多不好的习惯，在他们看来，这姐弟几个显得没有教养，有点野蛮。这样的孩子他们无法接受。也许他们更多的是不愿意替阿尔伯特解决困难，他们对让娜不满，而对阿尔伯特则是无尽的憎恨。在他们看来，让娜的悲剧都是阿尔伯特这个浪荡子一手造成的。

其实，阿尔伯特也不愿意让让娜的家人收养孩子，他非常清楚他们对自己的态度。于是，阿尔伯特把两个儿子送到了一个农户家里，求他们收养。当时，大儿子 10 岁，小儿子才 6 岁。那个农户答应了。也不是那个农户多么仁慈，而是两个男孩已经能够干一些活了。那个年代有许多孩子被遗弃，他们被收养之后就处于半奴隶状态，需要不停地劳动，而且吃住条件都非常差。这些孩子有的未成年就死去了。政府对这种情况采取了一些措施，但收效甚微。

香奈儿和姐姐朱利娅、妹妹安托瓦内特被阿尔伯特送到了奥巴辛修道院。其实，这个修道院也是孤儿院。

安置好孩子之后，阿尔伯特就离开了。没有人知道他最终去了哪里。但后来据香奈儿说，父亲去了美国，寻求发财的机会。而且父亲还对她们姐妹说，如果赚到了钱就会来接她们。然而，阿尔伯特再也没有出现过。

香奈儿心里明白，她们被遗弃了。刚开始，她痛苦绝望，甚至想到了死。她想报复那些对她无情的人，曾经打算用火烧掉修道院的仓库。对此，她后来说："母亲去世后，父亲也消失了。我的心每天都很痛苦，再也没有了快乐。"

唯一让香奈儿感到安慰的是，再也不用像以前那样整天过漂泊不定的生活了。

修道院内的生活

在奥巴辛修道院，香奈儿受到了严格的管束。虽然名义上可以像学生一样学习，但根本学不到什么，最多的是祷告和练习手艺，很少有时间休息。

相对于肉体上的痛苦，更大的折磨来自心灵。修道院收留的都是被贫穷的父母遗弃的孩子，或者流浪儿、孤儿。修女们经常会提醒这些孩子，不要忘了自己卑贱的身份，并且还会说教会为她们花费了不少钱。

有些经济条件好点的父母会给他们的孩子交纳一些费用，但更多的孩子需要依靠富人的赞助。当然，没有人会给香奈儿交纳费用。

她们都是小女孩，难免会做错事，而做错事就要受到惩罚。后来，香奈儿回忆自己被惩罚的时候说："我记得她们拉下我的短裤抽我的屁股。那首先是一种羞辱，其次是让你感到疼……"

奥巴辛修道院的石板走廊

修道院的生活非常枯燥孤寂。女孩们穿着黑色的长袍，走在冷寂的石板路和石台阶上，默默地前行，静静地学习，无声地用餐，轻轻地祷告，没有喧闹，没有笑声。就这样，一日复一日，不断地重复着。这种生活对于六七十岁的老年人来说也许不错，但对于十几岁的花季少女来说则是一种折磨。

女孩们学习的课程很简单，都是基础课，比如阅读、算术、历史、地理等。但修女们很不重视这个。在她们看来，孩子们学习这些知识对于未来的生活没有多少用处，还不如学习一些实用的技能。

香奈儿十分向往外面的繁华热闹，但她不能离开。这种幽禁般的生活让她烦躁不已。她开始看书，通过阅读的方式使自己的情绪得到缓解。

香奈儿沉浸在书中所写的故事中，时而悲伤，时而高兴，完全忘记现实的烦恼。特别是那些缠绵悱恻的爱情故事，更是让她不能自拔。

在奥巴辛修道院里，有一项非常重要的事情，那就是学手艺。女孩子们都要学习手艺,以便未来能谋到生计。她们都是穷苦孩子，长大后都需要干活，适应艰苦的生活。

香奈儿学习了缝纫的技术，这为她以后的事业打下了坚实的技术基础。

从裁剪，到缝纫，再到锁边，那些年长的修女教导香奈儿学习。女孩们在离开修道院的时候要保证给自己做一些衣服作为嫁妆。虽然对于被强迫在昏暗的房子里学习缝纫技术很不满，但是，香奈儿在给自己缝制嫁妆时心中还是充满憧憬和快乐。她后来回忆说："在毛巾上绣上自己名字的第一个字母……在我的睡袍上用俄国十字绣绣上图案，想象着我在新婚之夜穿上它的样子。"

在学习缝纫技术方面，香奈儿很有天赋。她 5 岁的时候就曾经做过一个布偶，还用碎布给布偶做了一个漂亮的连衣裙，而且这都是她独立完成的。

香奈儿学得很快。对她来说，这不是什么难事，因为她从小就能帮母亲做一些针线活。也许她自己都没有想过，这项技术会成为她未来事业的巨大助力。

香奈儿在奥巴辛修道院待了 7 年。这段时间，她认为自己过得很不快乐，直到多年以后，提起奥巴辛的修女，她还是感到很愤怒。

其实，对于敏感、倔强的她来说，这何尝不是一种磨炼！

第二章

走向社会，倔强地在社会最底层追梦

我的生活不曾取悦我，所以我创造了自己的生活。

——可可·香奈儿

闺密阿德里安娜

1901 年，已经 18 岁的香奈儿离开了奥巴辛修道院。修道院里有规定，年满 18 岁后的女孩子只有两个选择，一个是留下来做修女，另一个是离开。香奈儿不想做修女，所以就离开了。

虽然父亲一直没有消息，但父亲有 18 个兄弟姐妹，而且祖父祖母也健在，所以香奈儿还是有去处的。尽管这些亲人并没有在香奈儿被送到修道院以后来看望过她，但当她找上门来的时候，他们不能不管。

在这些亲人中，她的小姑姑叫阿德里安娜，只比她大两岁，与她的关系最为亲密，两个人成了闺密。阿德里安娜活泼开朗，温婉大方，平易近人，很受香奈儿喜欢。香奈儿还和另外一个叫路易斯的姑姑关系很好。她和阿德里安娜经常去路易斯姑姑家玩，甚至会住上一段时间。

路易斯很有艺术天分，非常喜欢设计和制作帽子。路易斯住的地方距离当时的法国时尚之都维希（“二战”时的法国傀儡政权就建都在这里）不远，所以她经常会去维希，欣赏和学习那里最时尚的东西，并且购买一些材料，回去制作款式新颖精美的帽子。香奈儿和阿德里安娜非常喜欢跟着路易斯去维希，维希那些新奇的东西让她们陶醉。路易斯还经常邀请她们一起设计和制作帽子。这为香奈儿后来开帽子店埋下了伏笔。

在家人的帮助下，香奈儿去了穆兰的一家教会学校学习。穆兰距离奥巴辛有 100 多英里。这家教会学校比奥巴辛修道院好很多，算是一所女子精修学校，对收的学生要求很高。阿德里安娜从 10 岁开始就在这家教会学校里寄宿学习。就这样，她们两个人待在同一所学校学习了。

在穆兰的教会学校，香奈儿觉得也不快乐，因为这所学校的学生很优秀，她显得更加不起眼了。不管是在教室里还是在餐桌上，不管是穿着打扮还是言谈举止，她都觉得低人一等。在奥巴辛的时候，大家一样，都是贫苦孩子，但在穆兰就不一样了。同时，为了报答别人的捐助救济，已经成人的她还被迫承担一定的家务。这些都让她非常苦恼。好在有闺密阿德里安娜的陪伴，她才感觉好了一些。

十八九岁的少女总会对未来充满幻想，对世界充满好奇，不经意间会产生“世界那么大，我想去看看”的冲动。香奈儿与阿德里安娜就曾偷偷地离开家乡，前往巴黎。她们两个都没有多少钱，买完去巴黎的火车票就剩余不多了。在上火车的时候，香奈儿非要上头等车厢，而她们买的只是二等车厢。结果，她们很不幸地被发现了，并交纳了一笔罚款。到了巴黎后，她们根本不敢多待，匆匆转了一圈就赶快往回走，因为没钱了，吃饭都成了问题。

香奈儿和阿德里安娜一起在穆兰的教会学校待了三年，也结束了她们走向社会前的最后一段时光。

第一份工作——时装店店员

1904 年，香奈儿和阿德里安娜从教会学校毕业了。在毕业前，教会学校的校长为她们两个推荐了一份工作——时装店店员。

这家时装店的店主是德斯博特恩夫妇。他们在穆兰有一定的身份地位，也非常有钱。他们为香奈儿和阿德里安娜提供了住宿，让她们借住在自己家里。

时装店的工作并不轻松，这主要不是指体力方面，而是指心理方面。因为香奈儿每天都要面对那些有钱的贵妇人，遭受歧视，低三下四地为她们服务。对于普通人来说，为了薪水，为了生活，这种工作还能够忍受，但香奈儿受不了。从小就过着低人一等的生活，让她非常敏感和自卑，所以她很排斥这种工作环境。另外，德斯博特恩夫妇经常待在店里，这种在老板眼皮子底下工作的压力让香奈儿很不舒服。

香奈儿想轻松一点，想自由自在地生活。她已经 21 岁了，有了养活自己的能力，也有了比较成熟的思想和观念，她渴望做自己命运的主人，而不是一直受别人摆布。于是，香奈儿离开了时装店，并且说服阿德里安娜和她一起离开。

然而，理想很丰满，现实很骨感。香奈儿和阿德里安娜并没有找到好的出路。她们最终找了一份缝纫女工的工作。这种工作的难度不大，没有太多的技术含量，是纯粹的体力劳动，所以薪水很低。她们每天的主要工作为当地贵族缝制烦琐的嫁衣、丧衣，以及婴儿的全套衣服，同时也制作或缝补军队的制服。

香奈儿每天拼命地干活，而且做的针线活也非常出色，但收入仍然低得可怜。她不得不开始寻找另外的机会。

“可可”的诞生

穆兰是省会城市，周边驻扎着许多军队，包括第十轻骑兵团。骑兵的裤子磨损很厉害，需要经常修补，而香奈儿所在的缝纫铺就接缝补军裤的活。香奈儿寻找的机会就来自骑兵团的军官。

有一个周末，香奈儿她们正在工作，突然一伙骑兵团的军官涌进了铺子。这些军官是来修补衣服的。他们发现了香奈儿和阿德里安娜，一下子就被吸引了。他们邀请两位女孩参加专门为驻军举办的音乐会。虽然心中有些忐忑不安，但香奈儿和阿德里安娜还是答应了邀请，她们两个表现得很矜持和傲慢，让几个年轻的军官心动不已。

香奈儿和阿德里安娜非常兴奋。作为二十几岁的女孩子，谁不想自己有魅力，能够吸引优秀男孩的注意？这些军官风度翩翩，英俊潇洒，而且很有钱和社会地位，是标准的“高富帅”。对于来自社会底层的她们而言，这简直是幸运女神降临，说不准能够因此而找到自己的白马王子。

于是，她们便经常与那些军官一起吃饭、游玩，甚至是在咖啡厅里打情骂俏，消磨时光。在咖啡厅里，时常有驻唱的歌手表演。这些歌手的收入相对于缝纫工来说高了太多。香奈儿心想：自己为什么不从事舞台演唱呢？说不定会因此而成名，这对急于改变贫困境况的自己来说是一个多好的机会啊。

经过一番努力，香奈儿说服了一家咖啡厅的老板，加入了舞台演唱的行列。而且，她还劝说阿德里安娜也来到了这家咖啡厅。于是，香奈儿一边做缝纫工作，一边兼职在咖啡厅演唱。

刚开始，她只会唱两首歌：一首是《公鸡喔喔叫》，另一首是《谁看见了可可》。特别是《谁看见了可可》这首歌，引起了很大的轰动。在这首歌里面，“可可”是一个小狗的名字。当香奈儿动情而调皮地唱着“可可”的时候，总能调动观众的热情。

香奈儿没有漂亮的容颜，会放电的大眼睛，火辣的身材，但她拥有一股独特的魅力。她优雅潇洒、幽默睿智，而且还透着一丝可爱调皮，很受咖啡厅里面客人的欢迎。每当她登台表演，下面的观众就会不断地高喊着“可可！可可！”于是，可可成了香奈儿的代号，人们都称她“可可”。

随着知名度的提升，香奈儿的身边聚集了一批支持者和拥护者。这让她的心更加火热起来。她需要更大的舞台来实现自己的梦想。

香奈儿决定前往维希碰碰运气。她想和阿德里安娜一起去，但阿德里安娜觉得心里没底,不想去,最后在她的反复劝导下才同意了。

在香奈儿的基因里，本身就有倔强，不服输，不安于现状，勇于闯荡的因子。当她觉得有更好的机会时，她就会果断地行动。随着年龄和见识的增长，她的敏感和自卑逐渐被深深地隐藏了起来。

在维希无功而返

维希是当时法国的时尚之都和疗养胜地，聚集了大批的达官贵人和富商巨贾，以及演艺界的名流。在香奈儿看来，这里才是自己发挥才能、大展拳脚的广阔舞台。

香奈儿和阿德里安娜满怀希望地离开穆兰，直奔维希而去。她们坚信自己能够闯出一番新天地。

在维希，她们看到了一个纸醉金迷、奢华无度的世界。当时最流行的演出，金碧辉煌的大型赌场，一掷千金的豪客，疯狂的赛马，浓妆艳抹的高级妓女……这一切都让两个姑娘感到目不暇接、震惊不已。和这里比起来，穆兰简直是小儿科。她们以前也跟着路易斯经常来维希，但只看到了城市的表面现象，仅限于橱窗里漂亮的衣服和帽子，大街上和店铺里热闹的人群。

很快，阿德里安娜就打了退堂鼓。她觉得自己不属于这里，便决定返回穆兰。香奈儿很想让阿德里安娜留下来，但现实情况确实很糟，阿德里安娜根本就不能适应，必须离开。

香奈儿一个人留在了维希，向命运宣战，向梦想发起冲锋。她在这里看到了巨大的希望，有一种鸟儿飞上天空、鱼儿游入大海的感觉。

对于她而言，这里有梦幻般的氛围，有自己喜欢的生活方式，能够接触到世界各国的名流，能够与上层社会的人打交道，能够学到最前卫时尚的表演技巧。她发誓一定要留下来，要成为这里耀眼的一员。

为了参加舞台演唱，实现梦想，香奈儿下了很大的功夫，自费参加培训课，学习舞台演出技巧；花高昂的费用租赁演出服装，参加试演。但是，维希对演员的要求很高，香奈儿这种“土生土长”的演出和并不出色的嗓音很难获得那些高贵客人的认可。

香奈儿不懈的努力换回的只有失败和沮丧，没有人愿意雇用她。她就像一棵倔强的小草，努力地生长，想要成为引人注目的大树，然而却被一次又一次地踩在脚下。

实在坚持不下去了，香奈儿选择了放弃，也和阿德里安娜一样返回了穆兰。

维希之行，对香奈儿是一个巨大的打击，但同时也让她开阔了眼界，增强了见识，对生活的认识更加深刻。她后来回忆这段经历时说：“维希是乐园，可怕的乐园。对于没有见过世面的人来说，它无比美妙……维希是我的第一次旅程，它教会我生活。”

相比于香奈儿，阿德里安娜则幸运得多，她从维希回来后找到了爱情的归宿。阿德里安娜曾经认识一个名叫莫德·梅泽尔的女人。莫德经营着一个具有婚介性质的会所，专门为上流社会的人提供服务，让他们有机会找到理想的情人。莫德让阿德里安娜帮助自己打理会所的一些事务，阿德里安娜因此获得了接触社会上层人士的机会。

阿德里安娜天生丽质，温婉恬静，很快吸引了许多人的注意，其中有三个人对阿德里安娜展开疯狂的追求。阿德里安娜很聪明，也很有主见和个性。她非常明白，自己出身平凡，没有任何背景，必须找一个真正爱自己的人，否则就会成为别人的玩物，最终被抛弃。经过一段时间的接触和观察，阿德里安娜选择了三个追求者中的莫里斯·内克松男爵。然而，他们的交往遇到了很大的阻力。莫里斯的父母不同意自己的儿子娶一个身份低微的女人为妻，他们认为这会让家族蒙羞。虽然莫里斯与阿德里安娜相爱很深，但还是做出了妥协，他们没有结婚，只是以情人的关系住在了一起。后来过了很多年，直到莫里斯的父母去世他们才结了婚。

香奈儿回到穆兰后，看到闺密阿德里安娜过上了幸福的生活，而自己还是孤身一人，事业失败，生活没有着落，心情失落到了极点。

PART 2

从裁缝到“女王”：金丝雀追求自由独立的典范

（1907—1920）

随波逐流是平庸的借口，努力抗争是卓越的起点。香奈儿想改变自己的命运，不惜做别人的情妇。对她来说，这只是一个跳板，她有更大的野心和欲望。她不想永远做一个被人看不起的情妇。她渴望独立自由，渴望拥有自己的事业和上流社会的身份。所以她离开了艾提安・巴勒松，来到了巴黎。在亚瑟・卡佩尔的帮助下，香奈儿的事业起步了。从帽子店到服装店，从总店到分店，香奈儿的事业越做越大，并逐渐成了"时尚女王"。

第三章

命运的转折，往往在不经意间发生

与其在意别人的背弃和不善，不如经营自己的尊严和美好。

——可可·香奈儿

香奈儿的初恋——艾提安·巴勒松

人生失意的香奈儿很不甘心，决定重新寻找改变命运的机会。阿德里安娜给了她启发，自己为什么不也找一个金龟婿呢？

香奈儿的目标是艾提安·巴勒松。当初，香奈儿和阿德里安娜做缝纫工的时候，有好几个年轻军官追求她们，艾提安就是其中的一个。在香奈儿决定去维希之前，艾提安曾经找过她，希望她成为自己的情人，但当时被她拒绝了。现在，她的观念已经发生了很大变化，当想在舞台表演方面有所成就的希望成为泡影之后，她只想走阿德里安娜的路子，找一个可以依靠的男人。

短短几个月之后，香奈儿就成了艾提安的情人。艾提安买了一处房产，作为他们同居的爱巢。

艾提安的家族世代经营纺织业，积累了巨额的财富。艾提安有两个哥哥——雅克和罗伯特。在艾提安 18 岁的时候，他的父亲去世了，几年后母亲也去世，他和两个哥哥继承了一大笔遗产。

艾提安喜欢游玩，骑马打猎和女人是他的最爱，至于经营企业他一点都不感兴趣。他告诉两个哥哥，自己不参与家族企业经营，只想养马、驯马和赛马。从骑兵团退役后，他就在巴黎以东皮卡迪省购置了一处地产——罗亚尔庄园。这个庄园傍依广阔的森林，以前是王室打猎的行宫，非常适合驯马和赛马。很快，罗亚尔就成了达官贵人、公子哥、高级交际花玩乐的场所，当然，驯马和练习骑马是主要项目。

后来，香奈儿就跟着艾提安搬到了罗亚尔庄园。

香奈儿与艾提安·巴勒松

当时，法国奢靡之风盛行，到处是娱乐场所，有钱有权的人往往拥有好几个情妇。为了拥有好的生活，许多女人愿意被人包养，甚至成为终身情妇。对于这样的女人，人们从内心深处很鄙视，看不起。谁家的女儿走了这条路，就会坏了整个家族的名声，让家族蒙羞。因此，香奈儿向家人隐瞒了自己与艾提安同居的事情。

香奈儿告诉住在穆兰的祖父祖母，自己回到了奥弗涅，待在姨妈家；而对姨妈则说她住在祖父祖母家。她的这个谎言持续了很长时间，因为自从她的母亲去世之后，她父亲的家人与母亲的家人就再也没有来往。但是，纸终究包不住火，她的家人知道她既没有在穆兰，也没有在奥弗涅，而是与一个男人同居了，待在罗亚尔庄园。

虽然香奈儿的家族生活在社会底层，没有什么身份地位，但自己家族的女人做有钱人的情妇总不是什么光彩的事情，他们要顾及自己家族的名声，于是极力反对香奈儿与艾提安在一起。当然，反对无效，香奈儿已经成人，有自己选择的权利。

对于香奈儿来说，能够摆脱困顿的生活，不再为了生计而起早贪黑地奔波劳累，由灰姑娘变成公主，一切都是值得的。而且，她也非常喜欢艾提安。艾提安风度翩翩，非常幽默浪漫，与他在一起让人感到很舒服。

艾提安·巴勒松的另一个情妇

在罗亚尔庄园，香奈儿过得闲适轻松。但是，她的内心并不真正地快乐，因为艾提安还拥有其他女人。

作为拥有大量财富和显赫身份的社会上层人，艾提安有足够的条件随心所欲地生活。在他看来，自己拥有众多情人是再正常不过的事情了。香奈儿也知道这一点，心高气傲的她不得不把这份不快隐藏在内心深处。

艾提安的另一个情妇叫艾米丽安娜·达朗松。艾米丽安娜是当时著名的女演员和交际花。她是一个真正的尤物，做过很多达官显贵的情妇，让许多人神魂颠倒，迷醉不已。这些人甚至包括比利时国王利奥波德二世和英国国王爱德华七世。

艾米丽安娜比香奈儿大 14 岁，虽然已经过了花样年华，青春不再，但人们一直把她看作是当时的一大美女。但对香奈儿而言，她的美貌显得那么可憎，在后来的回忆中，香奈儿把她描述成一个老女人，而且醋味十足地说艾提安不考虑青春和美丽，只是迷恋那个老女人。

其实，作为高级交际花，艾米丽安娜拥有更多的选择和自主权。她可以随意出入罗亚尔庄园，而且在做艾提安情妇的时候还拥有新的情夫——一个著名的英国骑师。没有人知道，在这种混乱的关系下他们是如何平安相处的。

虽然香奈儿没有详细说过自己刚到罗亚尔庄园时的情况，但据传言，她当时很不如意。艾提安的家人反对他们在一起，虽然艾提安的父母去世了，没有人能够强迫他，但他还有两个哥哥以及其他的亲人，总会面临不小的压力。所以，香奈儿刚开始与下人们坐在一起吃饭，特别是艾提安接待自己的家人或者身份尊贵的朋友时。

香奈儿的郁闷可想而知。为了排遣郁闷，摆脱这种既不是下人也不是女主人的尴尬身份，她在衣服穿着上下了功夫。她所穿的衣服与艾米丽安娜截然不同，是一种简约大方、朴素沉稳的风格。这让她显得很特别。要知道，当时的高级交际花都穿得花枝招展，浓妆艳抹，风骚无比。

艾提安不喜欢循规蹈矩，对各种虚礼俗套很反感。香奈儿的特立独行、与众不同正好对了艾提安的脾气。

香奈儿的不同之处不仅仅表现在穿衣打扮上。别的高级情妇都是完全依附男人生存，而香奈儿却渴望独立生活。她对征服男人不感兴趣，也无意追逐名分。她风趣幽默，聪明好学，能够适时地保持沉默（不是长舌妇），但骨子里有一股野性，这让她最终赢得了罗亚尔庄园里的人的尊重和喜爱。

艾米丽安娜也被香奈儿所吸引，并与她成了朋友，即使后来艾米丽安娜离开了艾提安・巴勒松，也与香奈儿一直有来往。

技术高超的女骑手

艾提安整天总有忙不完的事情，根本没有太多的时间来陪香奈儿。香奈儿在罗亚尔庄园中除了参加宴会、化装舞会和闲逛之外，经常会躺在床上或沙发上看书。

香奈儿看的书几乎都是小说，这并不是消磨时光，而是为了学习。她说："通过阅读小说能够了解生活……能够看到一些难以言表却又真实地控制着人类的法则……从连载小说到古典名著，所有的小说都在展示一种梦幻的现实。"

罗亚尔庄园有丰富的藏书，这给了香奈儿不断学习的机会。每一次阅读都是一次心灵的洗礼。知识让香奈儿拥有了更深的内涵和独特的气质，也让她的思想水平超出了一般的高级交际花。

香奈儿对骑马也很感兴趣。这正好给了她虽然安逸但无聊的生活一点调剂。她曾说："骑在马背上，驰骋于林野之间是那段时间唯一让自己感到开心的事。”她告诉艾提安她想要学习骑马，成为一名女骑手。当时，上层社会的女子骑马已经成为一种时尚。这些女骑手被称为亚马孙女郎，暗指她们像希腊神话里的女战士。女骑手英姿飒爽的形象很吸引人。

艾提安很欣赏香奈儿这种敢于挑战习俗和自我的勇气，所以很乐意成为香奈儿的马术老师。他给香奈儿详细讲述了骑马的各种要领和细节，并不断给予及时鼓励。

事实证明，香奈儿是一个积极上进、意志顽强、悟性很高的好学生。她每天坚持到训练场进行练习，即使艾提安不陪同她也没有间断。她和那些刚开始学习骑马的人一起练习，从不叫苦叫累，认真反复地做好每一个动作，理解和记住各种驯马的术语。

有一次，在训练的时候香奈儿从马背上摔了下来，腿部受了伤。虽然伤势不是非常严重，但对于一个女人来说也够受的了。没有想到的是，第二天香奈儿腿上缠上绷带依然坚持训练。艾提安非常惊讶，他似乎对香奈儿有了更深层次的了解。

很快，香奈儿就成了一名优秀的女骑手。在罗亚尔庄园里，香奈儿的骑术很有名气，许多出色的骑手都对她赞叹不已。

由于志趣相投，艾提安只要是参加赛马活动就一定会带着香奈儿。对于痴爱赛马的艾提安来说，香奈儿不仅是自己的情妇，更是自己的知己和粉丝。

当时，赛马是法国最流行的娱乐项目，甚至只要说运动就指的是赛马。赛马代表着时尚的前沿阵地，更演变成了一种社交的重要场所。许多人把参加赛马会看作展示自身社会地位的舞台，他们参加赛马会就是为了交际，而不是看赛马。

香奈儿的大部分时间都是陪着艾提安和他的朋友参加一个又一个的赛马会。

改款马服：天才设计师的初鸣

骑马通常配有专门的服装。当时，女骑手的服装与男骑手类似，但有很大的不同。她们通常上身穿夹克，下身穿皮裤，皮裤外面穿着连着紧身胸衣的短裙，然后戴一顶圆顶高帽，显得英姿飒爽。但是，这种女装也有弊端，由于短裙的存在，其骑马的便利性大打折扣。

香奈儿在学习骑马的过程中，做出了一个惊人的举动，对女式马服进行了改进。她来到裁缝店，要求裁缝重新做一套女式马服，不是带小短裙的那种，而是裤子式的那种，也就是马裤。裁缝非常吃惊，女式马服延续了好多年，一直就是这个样子，最多进行微小的改动，从来没有人打破规矩，放弃小短裙，选择马裤。

虽然裁缝觉得不可思议，但还是按照香奈儿的要求做了。没有想到的是，当香奈儿穿上马裤骑马驰骋的时候，吸引了许多人的注意。女人穿上马裤别有一番风姿，而且也方便了许多。香奈儿开创了女骑手穿马裤的先河。

香奈儿有一张穿着马裤的照片。在照片里，香奈儿骑在一匹白色的马上，头戴一顶宽檐帽，而不是圆顶高帽，这是她自己制作的帽子；上身穿着白色短袖衫，脖子上系着领带，手上戴着皮手套；下身穿着马裤，脚蹬皮靴。这种式样的马服通常是男骑手才穿，而香奈儿却大胆地穿了出来。艾提安站在她的旁边，面带微笑看着她。在那个时代，从来没有一个女人会像香奈儿一样穿这样的服装。

香奈儿不仅仅打破了男女骑手服装的界限，更是把这种服装风格运用到日常生活中。她在告诉人们，女人的服装未必都要符合传

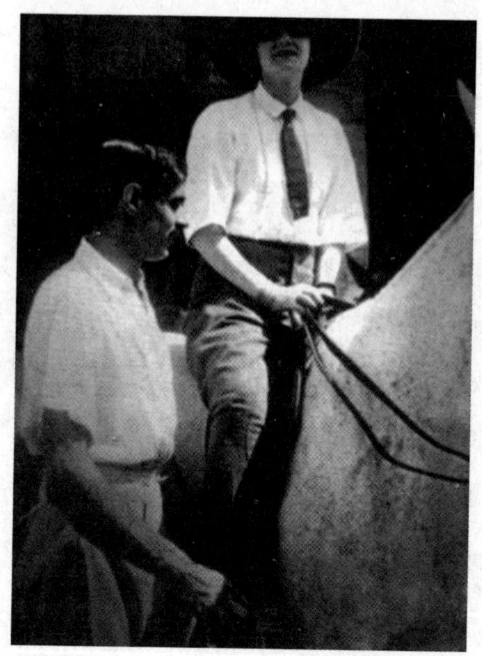

英姿飒爽的女骑手香奈儿

统，样式复杂、夸张，颜色艳丽醒目，像男装一样简洁的女装更让女人具有魅力。

对于香奈儿而言，把小短裙换成马裤不单单是服装的改变，而是一种观念的改变，体现出一种勇于变革、大胆创新的精神。而且，通过这件事的尝试，她更加坚定了信心。这对她以后的服装事业具有很大的影响。

拒绝艾提安·巴勒松的求婚

香奈儿在罗亚尔庄园待了好几年。刚开始她充满了兴奋和激情，享受闲适快乐的生活，但随着时间的推移，她感到了厌倦。这种金丝雀式的生活并不是自己最终想要的，她渴望独立自由。但她很清楚自己只有两种选择：一是继续留在罗亚尔庄园，过着衣食无忧、穿金戴银的奢侈生活；二是独立自主，离开罗亚尔，放弃眼前所拥有的一切。现在的她还没有勇气离开罗亚尔庄园。

另外，香奈儿也为自己的未来担忧。作为一个情妇，最终的下场她再清楚不过了。对于有钱人来说，情妇就是昂贵的玩物，厌烦了就会毫不犹豫地扔掉。很少有人会长期供养一个情妇。而对于她们这些女人来说，如果失去了情人，那就等于失业了。为了生计，她们不得不重新寻找情人。更为可怕的是，失去青春和美貌之后该怎么办？如果没有攒下一笔可观的、能够让下半辈子衣食无忧的财富，那最终的结果将会非常惨。

香奈儿早年经典照

法国著名作家小仲马的小说《茶花女》对香奈儿的触动很大。香奈儿说：“《茶花女》就是我的一生，就是我这辈子阅读的所有言情小说的综合。”

《茶花女》的情节是这样的：

玛格丽特是个乡下姑娘，长得非常漂亮。她来到巴黎谋生，不幸做了高级交际花（妓女）。因为她经常佩戴一朵茶花，所以被称为“茶花女”。那些有钱有权的大人物为她痴迷倾倒，一掷千金，但没有人真正爱她和关心她，他们只是享受她的肉体。后来，玛格丽特遇见了富家青年阿尔芒。两个人陷入爱河。但是阿尔芒的父亲嫌弃玛格丽特的身份，坚决反对这门婚事，并迫使玛格丽特离开了阿尔芒。阿尔芒不明真相，以为玛格丽特另寻新欢，便异常愤怒，寻机极力羞辱她。玛格丽特没有说出离开的真相，也不愿意再找情人，她只爱阿尔芒，不想背叛他。最终，玛格丽特在贫病交加之中含恨死去。

后来，阿尔芒知道了是父亲逼迫玛格丽特离开的真相，悔恨交加。他在玛格丽特的坟前摆上了洁白的茶花，深切地纪念自己的爱人。

《茶花女》被改编成了歌剧，香奈儿去看了这部歌剧。她被深深地感动了，泪流满面。玛格丽特的经历就像一面镜子，让香奈儿看到了自己的结局。这更激发了她的危机感。她不甘心，她要改变自己的命运。

香奈儿对艾提安说，自己想在巴黎开一家帽子店。她有缝纫的技术，而且以前也跟着路易斯姑姑学习过帽子的设计和缝制。她自己制作的帽子在罗亚尔庄园很受欢迎，那些贵妇人、高级交际花都问她帽子的事。香奈儿有信心经营好帽子店。但是，艾提安坚决不同意。在他看来，放着贵妇人的生活不过，反而去找罪受，简直是不可理喻。而且，与自己的情妇一起生活已经是很多人无法接受的事情了，再让自己的情妇出去工作，那就是在打脸。

过了几个月，香奈儿重提此事，艾提安仍然没有同意。艾提安百般安慰香奈儿，让她安心待在罗亚尔庄园。两个人为此事纠缠了好长一段时间。

香奈儿要离开，这让艾提安有了危机感。他不想失去香奈儿，他还爱着她。为了让香奈儿永远留在自己身边，艾提安决定与香奈儿结婚。他甚至请自己的哥哥雅克来说服香奈儿。雅克告诉香奈儿，自己的弟弟很爱她，希望她留下来。但香奈儿拒绝了雅克。这让雅克异常恼怒，认为她太天真，把事情想得简单了。

香奈儿已经厌倦了这里，她的心飞向了巴黎。她渴望摆脱牢笼，依靠自己自由自在地生活。艾提安能够给予香奈儿锦衣玉食，但无法给予她心灵的自由和慰藉。

第四章

自己开店，不做别人生活的“奢侈品”

开始做自己就开始变美丽。

——可可·香奈儿

遇见亚瑟 · 卡佩尔

1908 年的秋天，香奈儿遇见了她一生的挚爱——亚瑟·卡佩尔。亚瑟的出现，给香奈儿离开艾提安提供了契机。

亚瑟 · 卡佩尔与艾提安 · 巴勒松都是马球俱乐部的会员，他们早就认识。亚瑟是一名出色的马球选手，香奈儿在一次聚会上认识了他。

亚瑟是英国人，出生于 1881 年，比香奈儿大两岁。亚瑟的父亲最初只是一名普通职员，但他拥有远大的志向，而且聪明勤奋，很快便成了一名成功的商人，主要做煤炭和运输生意。所以，亚瑟拥有非常富有的家境。

亚瑟先在巴黎著名的圣玛丽学校学习,后来进入了博蒙特学院，最后在斯托尼赫斯特学院深造。在大学期间，亚瑟非常活跃，经常参加骑马、打猎、射击、舞台表演、辩论赛等各种活动。而且，亚瑟还参加了一个小团队，成员都是具有一定身份地位的学生，被称为“绅士哲学家”。亚瑟的学习成绩非常优秀，拿了好多奖项。

步入社会之后，亚瑟主要帮助自己的家族打理巴黎、伦敦和美国的生意。经过多年的磨炼，亚瑟成了年轻有为的社会精英。

虽然亚瑟也是风流倜傥的贵公子，但他与那些浮夸子弟不一样。他自信、幽默，很重情义，精力充沛，行事果断，拥有远大的抱负。

其实，关于亚瑟·卡佩尔的身世还流传着另一个版本，说他是法国某个金融家的私生子。不过，这些都没有确凿的证据，当事人也从来没有承认。

与亚瑟·卡佩尔相识的时候，香奈儿正在与艾提安因为开帽子

亚瑟·卡佩尔

店的事而闹别扭。她正想离开艾提安，离开罗亚尔庄园前往巴黎，而亚瑟出现了，这在她看来，简直就是上帝送给自己最好的礼物。他们两个第一次见面就互相留下了深刻的印象，并很快坠入爱河。香奈儿说："这个年轻的男人英俊帅气，其棕黑色的皮肤充满了魅力和神秘感，非常迷人。他不但英俊，而且非常优秀，出类拔萃。他那绿色的眼睛，以及那份淡然潇洒让我陶醉。我爱上了他。艾提安从来没有给过我这种感觉。"

1909 年，香奈儿不辞而别，跟着亚瑟·卡佩尔去了巴黎。她给艾提安留了一封信："我亲爱的艾提安，我永远无法回报您给予我的慷慨和仁慈。请原谅我的不辞而别，我爱上了亚瑟。"署名是"永远感激您的可可"。

虽然现在香奈儿不爱艾提安了，但这个男人毕竟使她初次尝到了爱的滋味，带她摆脱了生活的困顿，让她开阔了视野，真正接触到了上流社会，增长了见识。可以说，是艾提安·巴勒松第一个塑造了香奈儿，为她的未来打下了基础。

当艾提安·巴勒松知道香奈儿爱上亚瑟·卡佩尔并离开他时，他痛苦极了，第二天就追到了巴黎。他希望香奈儿能够回头，能够重回他的怀抱，但没有成功。香奈儿是一个非常有主见的女人，她做出了选择就不会更改。

艾提安·巴勒松受到了沉重的打击。他出海前往阿根廷，独自舔舐流血的伤口。他没有告诉任何人自己的行踪，甚至连他的家人都不知道他去了哪里。后来,他曾经说自己一生有两次巨大的伤痛，一次是在战乱中失去所有的马，另一次是失去了可可·香奈儿。

从阿根廷回到法国后，艾提安仍然没有死心。于是，从 1909 年冬天到 1910 年这段时间，他们三人纠缠在一起，演绎了一场轰轰烈烈的三角恋。最终，实在没有希望的艾提安退出了，但他仍然与香奈儿保持很好的朋友关系。

没有了艾提安的纠缠，香奈儿终于可以与亚瑟·卡佩尔安安静静地待在一起了。他们爱得如胶似漆。在那段时间，他们只享受二人世界，很少请朋友来他们的公寓。沉浸在巨大幸福中的香奈儿，散发出了迷人的光彩，她与生俱来的魅力得到了充分的展现。

虽然香奈儿野心勃勃，沉稳高傲，但亚瑟是唯一让她拜服的人。她找到了情感的归宿，把自己的爱、敬重、迷恋都给了亚瑟。她说："他就像我的父亲，我的兄长，给了我家一般的温暖。""他是上天对我的恩赐。"

亚瑟也深爱香奈儿，但吸引他的并不仅仅是香奈儿与众不同的美貌，还有其智慧、率直、勇敢的性格。

他们彼此欣赏，相互深爱。他们是真正的恋人，而不是情人的关系。

女帽店：香奈儿的事业从“头”开始

亚瑟不仅是香奈儿的爱人，更是她事业的指引者和支持者。亚瑟理解香奈儿，明白她需要工作和事业，渴望独立和自由。在香奈儿看来，这是艾提安·巴勒松与亚瑟·卡佩尔最大的不同，也是她死心塌地与亚瑟在一起的主要原因之一。

1910 年，在亚瑟的帮助下，香奈儿的帽子店开业了，店铺地址位于巴黎康朋街 21 号。这个地址是他们仔细斟酌后才确定的。此处位于那一区的中心位置，毗邻和平街、黄金大道和旺多姆广场，是一个顶级地段。

这是香奈儿事业的起点，也是她一生传奇的最重要的转折点。

香奈儿品牌从此创立，标志为“双 C”。关于这个标志的来源，最流行的说法是取自可可·香奈儿（Coco Chanel）的名字的首字母，但另外还有不同的版本，说是从可可·香奈儿和亚瑟·卡佩尔（Arthur

香奈儿的“双C”标志

Capel）的名字各取了一个字母C，然后交织在一起，背靠着背。

香奈儿对帽子情有独钟。从在教会学校的时候跟着路易斯姑姑学着设计和缝制帽子开始，到在罗亚尔庄园自己设计缝制帽子，受到那些高级交际花的好评，香奈儿就有一种预感，自己的事业应该从卖帽子起步。另一方面，帽子在法式浪漫中具有非常重要的地位，每一位女士都会把优雅戴到头上。要进入法国的上流社会，帽子是一项必备的装饰。如果从事帽子生意一定会赚钱。

帽子店开业后，香奈儿非常忙。她刚开始并没有完全缝制帽子，而是先从外面购买基础款女帽，然后进行改装。在改装的过程中，她极力发挥自己的天赋，充分融入自己对帽子的理解，让每一顶帽子都体现出一种简洁的优雅，内蕴的奢华，而不是繁复俗套的张扬。她说：“没有什么东西比烦琐、累赘、故作气派的装饰更让一个女人显老了。”

香奈儿的第一批顾客主要是自己在罗亚尔庄园时认识的高级交

际花，她们早就领教过香奈儿改装过的帽子的魅力，所以都来捧场。还有一些香奈儿不认识的贵妇，她们听说了香奈儿的事后非常好奇，就想过来看看这个作为亚瑟·卡佩尔的情妇却一心想要出来工作的女人。另外，一些上流社会年轻大胆的女人，也来光顾香奈儿的帽子店。

万事开头难。帽子店的初期经营并没有想象的那么好。香奈儿整天忙着设计、改装帽子，享受从贫穷乡下小女孩变成巴黎时尚设计师、女商人的快乐，对经营状况并不十分了解。

有一天，他们提着刚买的东西，准备去吃晚饭。亚瑟告诉她帽子店一直在亏损，她大吃一惊。她觉得自己赚钱了，因为银行账上确实有很多钱。亚瑟说那是因为自己为帽子店的透支额度向银行做了抵押担保，所以账上才会有钱。

知道真相的香奈儿既痛苦又愤怒。独立自主是她的追求，因为靠自己才是最安全的。她为什么非要出来工作，开店铺，自己赚钱？就是不想一直依赖自己的情人，可结果赚的钱连银行贷款都还不上，还需要恋人为自己透支而提供担保。她开始恨亚瑟，觉得他的施舍伤害了自己。

香奈儿把手提袋砸向了亚瑟，转身冲出大门。当时，外面正在下大雨，香奈儿不管不顾，冒雨狂奔，她心中只有无尽的怒火和屈辱。亚瑟追了出去，最后硬把她拉回了住所。

第二天，香奈儿很早就到了帽子店。她把员工召集起来说：“我们不是来找乐子的，也不是来大把花钱的，而是来创造财富的。我们必须要赚钱，决不能亏损！从现在起，谁都不能乱花一分钱，包括我。”

香奈儿在不断提升设计水平的同时，开始加强店铺管理。她不停地学习经营管理的知识和技巧，拼命地努力工作。渐渐地，她摸到了做生意的一些门道。

为了宣传帽子店，她把自己打造成了活广告。每次参加聚会，她都会戴上自己制作的帽子，吸引那些女人，为她们展示帽子的独特魅力，并告诉她们：到康朋街 21 号来，你们会有意想不到的收获。

一年之后，香奈儿告诉亚瑟，不要再为她提供担保了，她已经真正赚到钱了。

香奈儿迈出了非常重要的一步，逐渐完成了自己的成长。同时，她的天赋和才能得到了充分的发挥，初步实现了“独立自由地生活”的人生目标。

她守住了自己的脆弱和骄傲，拥有了更多对这个世界说“不”的权利。

香奈儿的帽子成了时尚潮流

法国著名杂志《高莫迪亚画册》为香奈儿的帽子生意提供了很大的帮助。这本杂志主要面向资产阶级女性，代表着品位和时尚。

香奈儿设计的帽子多次登上《高莫迪亚画册》的封面。有的时候，香奈儿亲自出马，头戴自己设计的帽子，出现在杂志封面上，演绎帽子的风韵和精彩。但更多的时候是聘请高级模特或女演员做宣传。

当时，追求时尚的女人已经对有花边、羽毛的帽子产生厌烦，而香奈儿简洁大方的设计和精细的做工正好迎合了她们的口味；再加上不断宣传，香奈儿帽子的影响力不断提升。

1912 年年初，香奈儿设计的帽子获得了媒体“新颖独特”“独一无二”的评价，而她本人则被称为“眼光独到”的艺术家。

慢慢地，香奈儿的帽子在女演员、高级交际花和上流社会的贵妇人阶层有了一定的影响力，那些女人趋之若鹜，只要谈到帽子，话题一定离不开香奈儿。

当然，巴黎帽子行业的竞争也很激烈。那些大型制帽厂要资金有资金，要人才有人才，具有很强的实力。特别是他们的设计师，通常会经过漫长的学徒过程，高水准的严苛要求，所以具有很高的设计水平，给香奈儿的帽子生意造成了很大的压力。香奈儿毕竟没有经过专业学习训练，只是在奥巴辛修道院里学习过缝纫技术，那些修女也只是教授基本的技能，不可能有太高的设计水准。相比于那些科班出身的设计师，香奈儿还是有一定的差距。但是，香奈儿拥有很高的设计天分和灵性，自己也在不断努力。她的帽子设计优势在于突破传统，时尚新颖，简洁大方。她在极力发挥自己优势的同时，也在学习和吸收那些传统设计的优点。

香奈儿曾经跟随梅森·路易斯和露西亚·巴拉特学习设计。这两个人当时在巴黎服装设计界具有很高的地位,都是大师级的人物。香奈儿还把露西亚挖到了自己的设计室，让她成为自己的首席设计师。但是,由于理念上的差异,露西亚最终离开了。在露西亚看来，自己这种有身份的人，不应该为那些高级交际花、妓女服务，而香奈儿则不以为然，她为这些女人花费了很多精力，把她们作为最重要的客户之一。香奈儿这样做的好处，是赢得了下层平民的认可。

为了应对竞争，赢得更多的客户，香奈儿举办了时尚沙龙。她邀请众多的名媛贵妇，让她们聚集在一起，一边喝着高级饮料、听着美妙的音乐，一边欣赏她的设计。香奈儿的沙龙非常成功，吸引了人们的关注，赢得了大批客户。

香奈儿让妹妹安托瓦内特帮助自己迎接顾客打理沙龙。安托瓦内特比姐姐香奈儿晚了一些离开奥巴辛修道院。她性格活泼，长得也不错，而且也有一份姐姐香奈儿的大胆和果决。最初她也希望凭自己的本事找工作，但由于没有身份和地位，根本找不到好的工作，只能干一些最低下、最累的活。最后，香奈儿把她叫到了自己的帽子店。

香奈儿对自己的家人很慷慨，总是会帮助他们。可惜的是，她的姐姐朱利娅没能等到她获得成功。朱利娅在香奈儿之前就离开了奥巴辛修道院，随后便结了婚。可是，她的命运很不好，找了一个

戴着自己设计的帽子的香奈儿

渣男，婚后的生活很痛苦。1910 年，悲观绝望的朱利娅最终选择了自杀，而她那无情的丈夫则卷了全部钱财，带着情人跑了，留下了年仅 6 岁的儿子安德烈·帕勒斯。香奈儿收养了这个孩子，开始照顾他。

1912 年年底，香奈儿的帽子已经成了时尚潮流，受到了人们的广泛称赞和推崇。

在帽子生意兴隆起来之后，香奈儿慢慢地涉足了服装设计，开始做服装的生意。当时，女人服装的弊端与帽子一样，复杂的装饰、烦琐的花边、繁复的色彩，再加上贵重的面料包裹的器物，让追求时尚的女人感到厌烦。而且那些衣服一层一层地裹在身上，非常臃肿，不方便。香奈儿要改变这种情况，设计出让女人穿着舒适方便，时尚新颖，高贵大方的新服装。

刚开始，香奈儿只是做一些演出服装，让那些女演员穿着她设计的服装登上舞台。这样的宣传效果最为明显。

由于找准了客户的痛点，香奈儿的服装生意与帽子生意一样，也很快就发展起来了。

开设精品服装店

1913 年，香奈儿在多维尔（Deauville）开了一家服装精品店。

多维尔位于法国西北部，属于诺曼底地区，被称为诺曼底明珠。第二次世界大战中著名的诺曼底登陆就发生在这一地区。

香奈儿在多维尔开店就是看中了这里的商业环境。多维尔是世界性的旅游度假胜地。这里美丽而富饶，拥有和煦的阳光、美丽的沙滩、湛蓝的海水，再加上设施精致而豪华，真是让人着迷。每年在多维尔要举行各种高雅的活动：赛马大奖赛、马球世界冠军赛、赛船、高尔夫和网球联赛，以及盛大的庆祝活动、电影节、国际骑马游行等。所以，大量的社会名流、富豪、达官显贵、高级交际花都会云集在这里。

香奈儿跟着亚瑟多次到多维尔参加马球比赛、旅游度假。亚瑟在多维尔的诺曼底酒店拥有一套豪华的房间。他们在这里享受美妙的生活，一起吃饭，一起海边漫步，一起参加马球赛、舞会和派对。

香奈儿对多维尔很熟悉，她敏锐地发现了商机，在生意逐渐发展起来之后首选这里作为拓展的第一站。她的店铺位于多维尔最繁华的街道贡托·拜伦街。妹妹安托瓦内特和小姑姑阿德里安娜也被安排在这个店里。阿德里安娜和莫里斯·内克松男爵还没有结婚，秘密地隐居在巴黎。她有大把的闲余时间，正好可以帮助香奈儿经营管理服装精品店。安托瓦内特和阿德里安娜经常充当店铺的模特。她们身着香奈儿的特制服装和帽子，参加各种活动，为精品店和香奈儿品牌做宣传。

香奈儿的时装精品店生意非常好，上新的衣服很快就销售一空，高级定制的业务也非常忙。简约是香奈儿服装和帽子的最大特点。她借鉴了男装的简单和实用。

那个夏天，香奈儿和她的时装精品店成了多维尔的时尚话题。亚瑟·卡佩尔的社会地位，她自己的天才设计，让香奈儿的品牌知名度大幅提升。许多社会上层人士慕名来到她的精品店。当时，光顾的客户中最著名的当属男爵夫人戴安娜·凯迪·德·罗斯柴尔德。

男爵夫人拥有很高的社会地位和影响力，是巴黎最著名的时尚达人。她的光顾，让香奈儿大获其利：一是让香奈儿的知名度更高；二是她在这里定制了大量的服装，为香奈儿带来了不菲的收入；三是她把自己的朋友介绍了过来。她的朋友都是有一定身份地位的贵妇人，这些女人大多成了香奈儿的高端客户。

塞姆为香奈儿和亚瑟画的漫画

随着服装生意的兴盛，香奈儿的事业逐渐向巅峰迈进。

当时，法国著名漫画家塞姆（乔治·古尔萨的笔名）为香奈儿和亚瑟·卡佩尔画了一幅漫画。塞姆是香奈儿的好友兼粉丝，他的画室距离香奈儿的沙龙不远，所以经常光顾香奈儿的沙龙。

这幅漫画创作于 1913 年 3 月。在漫画中，亚瑟被画成了一个怪物，下半身为马身（也许意味着白马王子和马球），上半身为人身。他的右手拿着一根马球杆，杆顶上挑着一顶帽子（香奈儿正是以帽子起家），左手紧紧地拥抱着香奈儿。香奈儿穿粉红的长裙，戴着粉红色的帽子,胳膊上挎着一个装帽子的手提袋,袋子上面写有"可可"的字样。她与亚瑟拥抱在一起。

这幅漫画成为香奈儿与亚瑟的真实写照，也说明香奈儿已经拥有了一定的社会地位和较高的身份。

闲暇之余，重拾跳舞梦

舞台表演一直是香奈儿的一个梦想。虽然以前在维希并没有获得成功,但她对自己为此付出的巨大努力,以及心目中可爱的“可可”难以忘记。另外，舞台表演也是香奈儿进行品牌宣传的重要方式之一。她自己经常亲自上阵，充当模特，穿戴自己设计的服装和帽子上台展示。

所以，香奈儿没有放弃学习跳舞。

当时，大多数人认为女性应该矜持、稳重，不应该蹦蹦跳跳，从事各种运动，觉得那样有些粗鲁无礼，没有品位，但“运动有益于健康”“运动是自我展现”的观念已经开始出现。特别是一些年轻女性，非常推崇这种观念。她们追求时尚，追求活力，希望通过运动保持苗条健美的身材。这些对香奈儿有很大的影响。

1913 年，在经营店铺的闲余时间，香奈儿开始学习跳舞。她选择爱丽斯·图勒蒙为自己的舞蹈老师。

爱丽斯的童年与香奈儿有些相似，在贫穷中度过，缺乏家庭的温暖。她非常聪明，个性张扬，活泼开放，跳舞热烈而狂野，是艺术剧院的舞蹈演员。为了有更多的收入改善生活，爱丽斯兼职做了舞蹈老师。

香奈儿非常努力地跟着爱丽斯学习，希望成为一个合格的舞蹈者。在她看来，自己以前练了很久，有跳舞的基础，现在也跟了一个非常优秀的老师，再加上自己的认真努力，一定会获得成功，然而她再次失望了，爱丽斯给出了否定的评价，说她不适合学习跳舞。毕竟她已经30岁了，错过了学习跳舞的最佳年龄阶段。

虽然不能成为梦想中的舞蹈家，但她仍然非常投入，认真练习，跟着爱丽斯学习了很长时间。

她没有实现梦想，但收获了一份努力后的安心和苗条健美的好身材。

第五章

时尚“女王”——香奈儿的事业渐入高峰

如果你想要无可取代，就必须时刻与众不同。

——可可·香奈儿

“一战”爆发，香奈儿服饰成为新宠

1914 年 6 月，发生了萨拉热窝事件，奥匈帝国的皇储被塞尔维亚人刺杀。这成为第一次世界大战的导火索。一个月后，奥匈帝国在德国的支持下对塞尔维亚发动了战争。随后德国、法国、英国、俄国也投入战争。1914 年 8 月 3 日，第一次世界大战正式全面爆发，香奈儿的生意受到很大影响。

战争爆发后，许多人离开了多维尔，死亡的恐惧和忧虑使得人们再也没有心情享受奢靡的生活。赌场变成了医院，奢侈品店关门，各种私人车辆被征用，到处一片混乱。香奈儿的精品店处于半停业的状态。

巴黎的店铺状况更糟。德军逼近巴黎，许多人都逃了出来，根本没有人会关心衣服和帽子，逃命要紧。香奈儿关闭了巴黎的店铺。随后，德军与英法联军进行了马恩河战役，两败俱伤，转入阵地对峙。

德军的进攻势头受挫，主要战场转移到了法国东北部。

随着德军的推进，罗亚尔庄园被德国军官占领了。艾提安·巴勒松失去了房产、土地和所有的马匹。对于嗜马如命的他来说，这种打击太巨大了。但即使再痛苦，也要面对现实，他再次入伍，走向了抗击德军的前线。

战争开始没有多久，亚瑟·卡佩尔就被任命为骑兵营的军官，参加了战斗。对于香奈儿来说，心爱的人走向战场，随时都有生命危险，那是多么大的一种煎熬。但她没有任何办法帮他，只能在心中默默地祈祷爱人平安归来。

刚开始，亚瑟主要负责战场上的情报工作。他与一个名叫巴罗的英国人一起收集德军情报，然后传递给英法联军。战场上的情况非常复杂，收集情报很危险，随时有可能被发现而丧命。有一次，亚瑟与巴罗开车在巴黎附近，突然与一股德军相遇。他们两个急忙倒车拐弯，准备逃跑。在这个过程中，德军距离他们不到 300 米，只要任何一个德军转头看一下就能发现他们。幸运的是，没有一个德军这样做。他们迅速拐进路边的树林，很快逃到了安全地带。也许，是香奈儿的祈祷起到了作用，帮助爱人化险为夷。

随着大量的法国城市被占领，多维尔成了当时人们的避难所，到处都是人。许多社会名流参加了志愿者，在医院帮忙。在这种环境下，华丽奢靡的衣服完全成了累赘，干活极不方便。同时，人们也对奢靡充满了反感，没有人敢冒天下之大不韪，经常穿着高档的衣服。于是，精简朴素的衣服成了人们的需要。

简约朴素本就是香奈儿设计的风格。这正好给了她机遇。香奈儿说 :“这是上天赐予我的机会……人们需要的是简约、舒适、整洁，而我不经意间提供了全部。”

当时，香奈儿面临的一个巨大问题是物资短缺，面料很难找。巧妇难为无米之炊，如果没有面料，拥有再好的设计也是白搭。

香奈儿与雅克和罗伯特（艾提安·巴勒松的哥哥）展开合作。他们兄弟俩经营着巴勒松家族的生意——纺织公司，其产品正好解决了香奈儿的绒面呢的货源问题。

另外，香奈儿大胆使用了全新的面料——针织物。要知道，没有染色的针织物被认为是最低级的面料之一，从来没有人用它们来做女装。但是，香奈儿通过自己的创意，使得这种最低级的面料变成了高档的纺织品，赢得了女人的青睐。

解决了面料问题，香奈儿不断扩充人手，加紧制作生产。就这样，香奈儿与其雇员一直忙到了年底。当然，她所获得的利润也非常丰厚。

第一家高级时装定制店

随着战争的发展，最初的快速推进结束了，逐渐进入了对峙阶段。巴黎的局势也逐渐稳定了下来。

香奈儿只留了一个店员照看多维尔的生意，其他人都回到了巴黎。阿德里安娜则回到了维希打听爱人内克松的消息。内克松也参加了战争，在前线对抗德国人。

1915 年 4 月，德军在战场上首次使用了毒气，给英法联军造成了巨大损失。但德军也损失不小，战事陷入胶着状态。5 月份，双方暂时停战休整。亚瑟难得有休息的机会，就带着香奈儿来到了比亚里茨度假。

比亚里茨坐落于法国西南部的海岸边，接近西班牙边境，远离战火，很快成为人们休假的聚集地。在整个第一次世界大战期间，这里是欧洲皇室最喜欢的度假胜地之一。战争初期的恐惧逐渐消失，人们又开始了享受奢侈的生活。虽然这种奢侈没法与战前相比，但在战争年代，也足够吸引大批社会上层人士。

香奈儿见识了比亚里茨的环境之后，决定在这里开店，而且要开一家专门定制的高级服装店。

筹备新店的主力军是安托瓦内特。她是姐姐的最好帮手，从巴黎带来了一批订单和几个技术精湛的裁缝。以前，阿德里安娜也是香奈儿最重要的帮手，但她这次无法帮忙，因为她得到了爱人内克松在前线的消息，正急着去探望他。

香奈儿的第一家高级时装定制店很快开业了。她为顾客提供的服装依然保持自己一贯的风格——简约时尚，质量上乘。

订单如雪片一样飞来。这些订单不仅来自法国国内，更来自西班牙。当时，战争的阴云笼罩整个欧洲，生存占据首要位置，能够关注和享受奢华的城市寥寥无几，而比亚里茨就是其中之一。由此

香奈儿和卡佩尔、巴勒松在自己的服装店门前

可见，香奈儿确实具有做生意的眼光和天赋。

为了提升新店铺的品位和人气，香奈儿邀请了男爵夫人戴安娜·凯迪·德·罗斯柴尔德。上次，男爵夫人就为多维尔的精品服装店做了一次非常重要的宣传,极大地提升了店铺的知名度。这次，在比亚里茨香奈儿又要复制成功。在男爵夫人的影响下，许多重量级的顾客都参观香奈儿的新服装店，当然免不了要定制几套服装。

比亚里茨距离西班牙很近，许多西班牙的贵族，以及西班牙皇室成员都是这里的常客。他们也被香奈儿吸引了，对她设计的时尚服装赞叹不已，最终成了她的顾客。

进入西班牙市场，是“香奈儿”成为国际品牌的第一步。

事业蒸蒸日上，成为“女王”

1916 年，战争还在继续，但香奈儿的事业似乎不受影响，逐渐进入了高速发展期。

香奈儿已经拥有了三家店：巴黎总店、多维尔店、比亚里茨店。每家店的生意都非常好，有大量的订单等着做。她还拥有 5 个工作室，专门处理这些订单。为她工作的员工超过 300 人。

香奈儿真正成了名人，成了时尚界的领军人物。这不仅仅是指法国，而是在国际上有了一定的声誉。美国《女装日报》报道说，在法国，“聪明的女人如果一次不定做三至四套香奈儿服装，那就是不正常的”。这家报纸在时尚界非常有名，很有权威。人们普遍认为，作为女人，如果衣橱里面没有至少一件香奈儿的衣服，那么你就是一个落伍者。

玛丽·路易斯·杜蕾是香奈儿工作室的主任，也是她的首席设计师。玛丽非常崇拜香奈儿，称香奈儿为“女王”。确实，以香奈儿所取得的成就，以及在时尚界的身份地位，非常符合“时尚女王”的称呼。

亚瑟·卡佩尔非常忙，经常不在香奈儿的身边，但他总是经常鼓励香奈儿。香奈儿没有让他失望，生意做得越来越好。

香奈儿把亚瑟帮助自己的钱还给了他，总金额达30万法郎。这是亚瑟在香奈儿开比亚里茨店时提供的资金。香奈儿深爱着亚瑟，她希望独立，不想一直依靠爱人。不管是谁，都拥有自尊心，不希望在自己所爱的人面前因为钱而低人一等。

看到香奈儿意气风发、雄心勃勃的样子，亚瑟感慨万千，随后说道：“我原本只是想给你一个消遣的玩物，没想到却给了你自由。”

人们常说“钱是人的胆”，拥有了足够的财富之后，人的腰杆就会挺得很直。所以，香奈儿愈发自信。她留起了短发，显得干练而精神。当时，长发是女人温柔、贤惠、高贵、漂亮的象征，如果哪个女人剪成了短发，就会受到世俗的攻击。

香奈儿不在乎这些，挑战传统是她的一贯风格。没有想到，香奈儿的短发并没有给自己带来麻烦，反而成了一种时尚。她被贴上了“20世纪初短发时尚的引领者”的标签。“女王”就是不一样，魅力十足，一举一动都会引领时尚，即使违反传统，也能轻易获得原谅，并促使人们改变观念。

高档轿车是成功的显著标志。香奈儿拥有了这个标志，她购买了一辆劳斯莱斯，成了“第一个开劳斯莱斯的女人”。

在后来的回忆中，香奈儿说：“工作，让人们拥有了成就。上天的恩赐不会从天而降，我是通过双手建立了自己所拥有的一切……成功的秘诀就是我一直努力工作……没有什么能代替工作，不是担保，也不是勇气和运气。”

香奈儿一生的朋友——米西亚

1917 年 5 月，法国著名女演员塞西尔·索瑞尔举办了一个庆祝晚会。她邀请了许多有身份的客人，其中就包括亚瑟·卡佩尔和香奈儿。

在这个晚会上，香奈儿认识了一个除亚瑟之外对自己一生影响巨大的女人——米西亚·爱德华兹。

米西亚比香奈儿大 11 岁，出生于艺术世家。她从小就表现出了很高的音乐天赋，钢琴弹得非常棒，长大后成了巴黎先锋艺术圈的名人和核心，被称为“艺术缪斯”“沙龙女王”。在文化艺术界，米西亚极具影响力。

米西亚 21 岁的时候嫁给了法国著名的先锋派杂志《白刊》主编塔代·纳坦松。随后，她又经历了两段纠缠不清、混乱不堪的婚姻生活。1914 年，她遇到了西班牙画家荷西·玛利亚·塞特，于是开始了第四次婚姻生活。

香奈儿与米西亚第一次相见就惺惺相惜，彼此印象很深。随着不断的接触，她们成了密友，一生的密友。香奈儿曾经说 ：“我这辈子只有她（米西亚）这一个朋友。”

如果说艾提安·巴勒松启蒙了香奈儿，让她认识了世界，把她带入上流社会的大门 ；亚瑟·卡佩尔带给香奈儿爱情，帮助她开创事业，获得名声，在上流社会初步站稳了脚跟 ；那么米西亚则带领香奈儿走入巴黎前卫艺术圈的核心，让她的天赋和能力得到了最大程度的发挥，让社会更加认可和欢迎她，帮助她完成了人生升华的“临

香奈儿（左）和米西亚（中）在热聊

门一脚”。认识米西亚以前，香奈儿是一个有钱有名气的漂亮女人，而认识米西亚之后，香奈儿成了一个有钱有名气的高贵女人。

人与人之间的缘分非常奇妙，两个毫不相干的人就会突然产生紧密的关系。米西亚第一次见到香奈儿就被深深地吸引了。她后来回忆说：“我立刻被一位身穿深色礼服的年轻女人吸引了……她看上去具有无尽的优雅。”“第二天，我迫不及待地去康朋街找她……在康朋街听别人谈论她，叫她‘可可’。我有些气愤，为什么如此特别的人会有这么一个俗气的名字？”“当天晚上，塞特和我去她的公寓吃晚餐……我见到了亚瑟·卡佩尔……我对香奈儿的迷恋让塞特很惊奇。其实，我也很惊奇，一个刚认识的人居然如此吸引我。”

刚开始交往的时候，相对于米西亚的热情和痴迷，香奈儿更多的是理智，甚至有些烦她。香奈儿看中的是米西亚在巴黎文化艺术界的地位。“米西亚对于巴黎来说，就像黑地女神（印度三大主神之一湿婆的妻子）之于印度诸神。”后来，随着两人交往的深入，香奈儿真正接纳了米西亚。

也许香奈儿都没有想到，她后半生一直与米西亚相连，两个人的友谊会持续30年。

香奈儿与亚瑟的情感危机

香奈儿与亚瑟相爱甚深，但由于战事不断，亚瑟很忙，他们待在一起的时间并不多。两地分居的生活为他们的爱情埋下了隐患。

1918 年年初，亚瑟在前线遇见了自愿做救护车司机的红·戴安娜·温德姆。他们两人以前就认识，只是没有过多的交往，这次战火中的重逢点燃了爱的火花。他们从战友变成了恋人。

戴安娜 25 岁，是一位英国贵族小姐，身世极为显赫，她的父亲是里布尔斯达尔四世勋爵。这位勋爵被英国国王爱德华七世称为“老祖宗”，原因是他极具皇家贵胄的气度。她的姐姐嫁给了洛瓦特勋爵，她的姑姑是英国前首相夫人。

戴安娜虽然出身很好，但命运可不怎么好。她于 1913 年就结婚了，丈夫是一位贵族军官，但可惜的是在一次军事行动中阵亡了。而且，没过多久，她的两个哥哥也去世了。

与香奈儿的独立倔强不同,戴安娜温柔可爱,非常漂亮。亚瑟·卡佩尔完全被吸引了。

亚瑟·卡佩尔的移情别恋有深刻的原因。

亚瑟虽然是社会上层人士,非常有钱,但身份地位完全无法与戴安娜比。相比于戴安娜的显赫身世,他只能算是一个普通人。攀龙附凤,追求更高的身份地位,攫取更多的财富金钱是人们的普遍心理,亚瑟也不例外。而且,私生子的传言也给了亚瑟一定的压力。如果能够与戴安娜结婚,那么这些都将不是问题。

另外,亚瑟虽然具有开明的想法和超前的思想,认为女人应该与男人平等,拥有新的社会地位,但一个人的想法与做法往往会有很大的差异。很多事情说起来容易,但做起来很难。在内心深处,亚瑟很难把香奈儿放在与自己平等的位置上,即使他很爱她。

香奈儿在后来的回忆中说,亚瑟曾经给过她建议,让她记住自己是一个女人,不要总是那么充满激情和理智。从这些建议中就能看出,亚瑟虽然很支持香奈儿出去工作,开创事业,但他更愿意香奈儿像其他女人一样,乖乖地待在男人身边,陪着男人享受美妙的生活。香奈儿的独立、干练、理智虽然吸引了亚瑟,让亚瑟感到很新鲜,很特别,但要找一个妻子时,他更愿意找温柔可爱的女人。所以,当面对戴安娜时,他放弃了香奈儿,决定与戴安娜结婚。

对于亚瑟而言,如何向香奈儿说他与戴安娜的事情是个难题。毕竟他也爱香奈儿,两个人相处了 8 年,有了很深的感情,而且他

香奈儿与亚瑟·卡佩尔在海滩上

非常清楚，香奈儿很爱他，一直想做他的妻子，现在突然告诉她自己爱上了别人，要和别人结婚，那将对她是怎样的打击。

犹豫了很久，亚瑟还是把这个残忍的消息告诉了香奈儿，而且戴安娜已经怀有身孕，他和戴安娜的婚期也马上就要到了，他不能再拖了。

当听到亚瑟说要和别人结婚之后，香奈儿完全崩溃了。

所有的期待一瞬间化为泡影！

所有的爱都浸泡在了苦水里！

他要结婚，而新娘却不是自己。香奈儿喃喃自语，悲痛不已。她的天空失去了阳光，笼罩在一片黑暗中。

香奈儿决定搬出与亚瑟同居的公寓。这是她的伤心地，她一刻也不愿意待在这里。她必须逃离这里，寻找一个安静的地方舔舐伤口。这时，米西亚帮助了她。

米西亚为香奈儿找到了一个朋友闲置的公寓。这个公寓位于码头附近，毗邻塞纳河，非常幽静。香奈儿第一次住进了由自己支付房租的公寓，而且米西亚还找来一对夫妇照顾香奈儿。

香奈儿必须适应失去亚瑟的生活，努力修补千疮百孔的心灵。这是命运给予她的考验，让她更加坚强和独立。

永远的伤痛：亚瑟死了

1918 年 8 月 3 日，亚瑟 · 卡佩尔与戴安娜 · 温德姆结婚了。

对于这对新人来说，这是他们婚姻的纪念日，充满喜庆；而对于香奈儿来说,这是一个最黑暗的忌日,这一天埋葬了她最后的希望。

由于是战争期间，非常不方便，所以婚礼并不隆重，只在一个小教堂里举行。戴安娜的姐夫洛瓦特勋爵做了证婚人。

然而，他们婚后的生活并没有想象的那么美好。最初的甜蜜过去之后，各种问题接踵而至。

未经磨合的生活方式在结婚前似乎影响不大，但在婚后却逐渐发挥了它的威力。更为重要的是香奈儿的存在。亚瑟忘不了香奈儿，内心充满了愧疚和痛苦。而香奈儿就是戴安娜心中的一根刺，婚前她曾经犹豫不决，不知要不要嫁给亚瑟，婚后她被扎得遍体鳞伤。

以前，亚瑟从香奈儿的精品店给戴安娜购买衣服，戴安娜从没说过什么。结婚以后，戴安娜坚决反对亚瑟这么做。两个人为此发生了争吵。

在亚瑟眼中，戴安娜失去了以前的温柔和顺从。这让他更加想念香奈儿。

其实在结婚前，戴安娜的姑姑（前首相夫人）根本不同意他们的婚姻。在她看来，亚瑟·卡佩尔配不上自己高贵的侄女。她对戴安娜说："难道你真的要嫁给那'半个法国人'吗？"可见，亚瑟是私生子的传言还是给他的婚姻造成了障碍。好在戴安娜的父亲和姐姐没有反对，毕竟亚瑟非常优秀，前途无量。就这样，他们最终才得以结婚。但是，戴安娜姑姑的反对还是伤到了亚瑟，这也为他们婚后的生活埋下了隐患。

1919 年 4 月，亚瑟与戴安娜的孩子出生了。这在一定程度上缓和了两人的关系，但根本矛盾并没有解决。

无法忍受内心折磨的亚瑟最终又回到了香奈儿那里。他怀着愧疚的心情请求香奈儿的原谅。虽然香奈儿憎恨亚瑟的背叛，但深情的挚爱战胜了一切。她紧紧地抱着亚瑟泪流满面。

亚瑟与香奈儿的幽会让戴安娜很痛苦。她找到了亚瑟的姐姐贝莎·卡佩尔倾诉。亚瑟非常喜欢这个姐姐，所以戴安娜希望贝莎能够劝说亚瑟。而且，贝莎也是香奈儿的客户，她们很熟。然而，贝莎告诉戴安娜，在巴黎上层社会的男人有一两个情人很正常，亚瑟只是放不下香奈儿罢了。委屈的戴安娜毫无办法，只能勉强接受了贝莎的安慰。

戴安娜的郁闷无处发泄。她找上了自己的老朋友达夫・库博。达夫•库博也是一名贵族军官,戴安娜曾经与他有过短暂的感情游戏。

就这样，亚瑟与戴安娜在感情生活上各自为政，互相伤害。他们与香奈儿之间的感情纠葛持续了没多长时间就终结了，因为亚瑟・卡佩尔出事了。

1919 年 12 月 22 日凌晨，香奈儿正在睡觉，突然一阵急促的敲门声惊醒了她。管家打开了门。来人是香奈儿与亚瑟的朋友莱昂・德・拉博德伯爵。他告诉香奈儿，亚瑟出车祸去世了。

香奈儿完全呆住了，直愣愣地站在那里，说不出一句话。前一天她还和亚瑟待在一起，转眼之间人就没有了。

莱昂说，亚瑟开车前往戛纳（法国南部城市，著名的戛纳国际电影节举办地）的途中出的车祸，也许是他太累，所以才出了事。在莱昂讲述的过程中，香奈儿没有哭，而是脸极度扭曲、抽搐，苍白得可怕，眼神空洞茫然。

莱昂讲完之后，香奈儿愣了一会儿，突然跑上楼去，换了衣服，拿了一个包跑了下来，请求莱昂开车送她去亚瑟出事的地方。

莱昂开了整整一天的车，中途只是简单地休息了几次，在快午夜的时候把香奈儿送到了戛纳。他们费了不少周折才联系到了贝莎。贝莎满脸悲痛，她告诉香奈儿，事故的原因是汽车的轮胎爆了，导致翻车。香奈儿想看一下亚瑟，但贝莎说，由于被烧得很厉害，亚瑟已经装进了棺材。

连爱人的最后一面都无法见到，香奈儿的痛苦可想而知。

香奈儿请求送她去亚瑟出事的地点看看。贝莎安排人把她送了过去。出事的汽车残骸还在那里，到处一片焦黑。香奈儿围绕汽车残骸转圈，不停地抚摸它，像在抚摸自己的爱人。忍了一路的悲痛瞬间爆发，她撕心裂肺地大哭起来。泪水长流，悲痛欲绝！

两人在一起的点点滴滴逐渐浮上心头，恩爱的缠绵，温情的陪伴，倾心的交谈……一切都随风逝去。

她瘫坐在地上，几乎昏厥。

她对命运的无情有了更深刻的理解。

小时候，她想拥有一个温暖的家，结果母亲早逝，父亲无能又不负责任，把她丢进黑色孤寂的修道院。

长大后，她想拥有爱情，找一个爱自己的男人，结果遇到了艾提安·巴勒松，只能过金丝雀般的生活。

再后来，她碰到了一生的挚爱亚瑟·卡佩尔，结果亚瑟结婚了，但新娘却不是她，而是别人。

而现在，她刚有了一丝希望，因为亚瑟回到了她的身边，结果亚瑟却因车祸去世了。

她彻底失去了自己最爱的人！

身体被抽空，灵魂被剥离，只留下行尸走肉般的身体，木然地面对一切不幸。香奈儿完全崩溃了！

小黑裙——香奈儿的标识

亚瑟·卡佩尔的离世，使得香奈儿的世界陷入无尽的黑暗。

回到别墅之后，香奈儿把自己的卧室完全布置成了黑色，墙面、地毯、天花板，以及床单和窗帘都是黑色的，使得房间充满坟墓的气息。太多的痛苦和思念让她刻骨铭心，她通过这些来哀悼自己的爱人。

作为服装设计师，她要用最独特的方式来纪念自己的挚爱——亚瑟·卡佩尔。

“我要让全世界的女人为你穿上黑裙！”

黑色激发了她的灵感，她设计出了传奇之作——小黑裙。

当香奈儿穿着自己设计的小黑裙出现在众人面前时，引起了轩然大波。要知道，当时黑色衣服是丧服，只有在举行悼念仪式的时候人们才穿。而香奈儿却穿着小黑裙出现在了沙龙、聚餐、宴会、日常生活等场合。

小黑裙裁剪简洁，线条流畅，既不会太过隆重，也不会太过乏味，让女人的魅力直线上升。

香奈儿根本不管人们的震惊和愤怒，把传统完全踩在脚下，让黑色的神秘、优雅、高贵得到了充分的展现和释放。虽然许多人斥责香奈儿“离经叛道”，是个“异类”，但小黑裙的魅力无人能挡，逐渐成了时尚的代名词。

流行起来的小黑裙成了“每个衣柜里的必备品”，没有女人不迷

香奈儿的经典小黑裙

恋它，温莎公爵夫人说 :“小黑裙若是穿对了，任何衣服都无法替代它。”

在以后的岁月里，只要提起优雅和时髦，小黑裙绝对是谈论的重点。小黑裙成了香奈儿的标识，也为她带来了数不清的财富。

香奈儿的目的实现了，让黑色成了时尚和流行，她以爱的名义，发起了世界上最宏大久远的悼念！

亚瑟为香奈儿留下了 4 万英镑的遗产。利用这笔钱，香奈儿扩充了自己的生意。她保留了康朋街 21 号的服装店，把沙龙和自己的住所搬到了康朋街 31 号，并在这里进行了女装设计师的注册。康朋街 31 号的面积很大，共有 5 层楼，非常有利于香奈儿的快速发展。

在亚瑟去世后的几个月里，香奈儿一直处于悲痛之中。工作成为她减轻伤痛的唯一方式。即使精神状态非常差，她也坚持上班，逼迫自己每天去沙龙和服装店看一看。

虽然失去了最爱的人，但香奈儿的生意却越来越好。

香奈儿的威尼斯之旅

1920 年 8 月，米西亚和塞特刚结婚，就建议香奈儿离开巴黎和他们夫妇去水城威尼斯。为了散散心，减轻亚瑟去世带来的伤痛，香奈儿决定与他们一起出去。

在去威尼斯的路上，他们在帕多瓦进行了停留。帕多瓦距离威尼斯不远，是意大利北部最古老的城市，里面有许多建筑物和教堂。他们去了圣安东尼大教堂。那里的雕塑给了香奈儿很大的感触和启发。她觉得自己必须振作起来，勇敢地活下去。亚瑟在另一个世界守在她的身边，陪伴着她，给予她勇气和力量。亚瑟一定不希望看到她一直哭泣，而是希望她快乐地活着，幸福地生活。

想通了这些，香奈儿的情绪好了许多，不再经常哭泣。她在试图走出亚瑟去世的阴影。

到了威尼斯之后，香奈儿开始了自己的艺术之旅。她和米西亚夫妇不停地参观那些艺术气息浓厚的博物馆和教堂。威尼斯建筑中忧郁的华丽给了香奈儿深刻的印象。她喜欢上了这座水城。

他们在威尼斯四处闲逛。偏僻街道的旧货店里,高档的餐厅里,豪华的游船上,奢侈品的沙龙里……这些地方都留下了香奈儿他们的身影。

在威尼斯待了一段时间之后,他们又去了罗马。虽然旅途有些劳累,但他们兴致勃勃地参观了这座城市。比如,古罗马斗兽场、万神殿、许愿池等。

从威尼斯回到巴黎以后,香奈儿基本恢复了,走出了悲伤。其实,对于香奈儿来说,亚瑟的去世是她一生的伤痛,她永远无法走出,直至自己的生命走向终点。

她只是把亚瑟深深地藏在了心底,为他保留一块圣洁而独立的空间,让他们在里面终生幽会,永不分开。

这一段时间,香奈儿的命运似乎处于严重的动荡期。她才从亚瑟去世的阴影里走出来没多久,妹妹安托瓦内特又去世了。当妹妹不幸的消息传来之后,香奈儿直接晕倒了。

安托瓦内特是香奈儿生意上的重要帮手,为了姐姐的事业,她总是工作很努力。香奈儿很信任她,也很依赖她。另外,她们姐妹三个,大姐已经自杀身亡,现在妹妹也走了。于公于私香奈儿都无法承受这个打击。在这个世界上,她更加孤单了。

安托瓦内特爱上了一个加拿大飞行员。这个飞行员比她小 10

岁，是一个富家子弟。香奈儿并不看好他们的婚姻，但妹妹坚持要与这个飞行员结婚。香奈儿亲自为妹妹设计了带有漂亮蕾丝的婚纱。

结婚之后，安托瓦内特就跟着丈夫回到了加拿大。然而，没过多久，安托瓦内特就给姐姐写信表示想回巴黎。没有人知道她那边的具体情况，但她表示想回巴黎，就说明她过得不好。

香奈儿劝说妹妹要坚持下去，但没有效果。于是香奈儿派了一个年轻的阿根廷人去加拿大看望妹妹。然而，让人没有想到的是，安托瓦内特跟着那个阿根廷人去了布宜诺斯艾利斯（阿根廷最大的城市）。没有人知道她为什么要这样做。

到了布宜诺斯艾利斯没多久，安托瓦内特就死了。她的一切成了一个谜，具体发生了什么事情谁也不知道。有一点很确定，她服用了过量的药物。最后，官方给出的死亡原因是得了西班牙流感。

当时的交通很不便利，想要在异国他乡查清一个人的死因非常困难。香奈儿只能痛苦地接受妹妹去世的事实。

新情人——音乐家斯特拉文斯基

伊戈尔·菲德洛维奇·斯特拉文斯基是美籍俄国作曲家、指挥家和钢琴家，是西方现代派音乐的重要人物，被称为音乐界的毕加索，早期代表作有芭蕾舞剧《火鸟》《春之祭》和《彼得鲁什卡》。

1913 年 5 月，《春之祭》在巴黎首场演出，香奈儿当时正在跟着爱丽斯·图勒蒙学习舞蹈。应爱丽斯的邀请，她去观看了这部芭蕾舞剧。这是香奈儿与斯特拉文斯基的初次接触。

《春之祭》是一部反传统的作品，其音乐、节奏、和弦等与古典音乐完全不一样。它的演出没有收获掌声和鲜花，只有无尽的嘘声、嘲笑和谩骂。人们视它为“洪水猛兽”。即使前卫时尚的香奈儿也声称她没有看懂《春之祭》。

第一次世界大战爆发后，斯特拉文斯基的生活受到了很大的影响。1915 年，他的所有私人财产被没收，生活陷入困顿，不得不为生计而四处奔忙。后来，为了躲避战争，他带着全家去了中立国瑞士勉强度日。他的妻子疾病缠身，需要定期治疗，还有 4 个孩子需要养活。

斯特拉文斯基的经济情况很糟，但这不能掩盖他卓越的才华。香奈儿被他的才华所吸引，于是邀请他和他的家人来她的别墅居住。

1920 年 9 月，斯特拉文斯基的全家住进了香奈儿的别墅。斯特拉文斯基的妻子非常感激香奈儿，觉得她简直就是仁慈慷慨、救苦救难的圣母。然而，后来这种感激变成了苦涩、无奈和憎恨，因为她发现自己的丈夫非常迷恋香奈儿。

在香奈儿的赞助下，《春之祭》进行了重排。香奈儿为此付出了 30 万法郎。1920 年 12 月 15 日，再次登上舞台的《春之祭》大获成功。斯特拉文斯基的才能得到充分的发挥，他的想象力完全被激发。而香奈儿的社会地位再次提升，她成了“艺术赞助人”。

为了工作方便，香奈儿在距离康朋街 31 号不远的丽兹酒店租了一个套房。丽兹酒店的外表非常普通，也没有很醒目的标识，但内部别有洞天，以最完美的服务、最奢华的设施、最精美的饮食和最高档的价格而享誉世界。

斯特拉文斯基经常去丽兹酒店拜访香奈儿。香奈儿不是很懂音乐，于是她便跟着斯特拉文斯基学习。香奈儿说：“我喜欢他……能从他这样的人身上学习到一些东西真是让人愉快。”他们一起出去逛街，参加聚会，有的时候也会叫上米西亚和塞特夫妇。

不久，斯特拉文斯基和香奈儿便传出绯闻，说他们是情人关系。香奈儿敢爱敢恨，毫不在乎这些。当亚瑟·卡佩尔去世之后，已经没有人能够真正走进她的内心深处，对她而言，那些外在的东西有什么好在乎的呢？她唯一愧疚的是无法面对斯特拉文斯基的妻子。

荷兰著名导演、制片人杨·高能曾经拍摄过一部电影《香奈儿秘密情史》，讲述的就是香奈儿与斯特拉文斯基的浪漫恋情。

与香奈儿在一起，斯特拉文斯基激情四溢，先后创作了不少优秀的作品，比如《弦乐四重奏协奏曲》《乡村婚礼舞》《管乐交响曲》等。他们的关系更加亲密，以至于米西亚夫妇非常担心斯特拉文斯基会与可怜的妻子离婚，而成为香奈儿的丈夫。塞特最后搬出亚瑟·卡佩尔作为挡箭牌阻止他们在一起。

后来，斯特拉文斯基去西班牙演出，他与香奈儿之间的感情才逐渐降温，并最后不了了之。他们之间后来到底发生了什么没有人知道，当事人也是闭口不谈。有人说米西亚和塞特夫妇的劝说起了作用，也有人说，斯特拉文斯基去西班牙后，香奈儿的生活中出现了另外一个俄国人——迪米特里·巴甫洛维奇。

迪米特里长得非常英俊，是一个标准的美男子。他是一位大公（俄国沙皇子孙的爵位），祖父为亚历山大二世。1917 年的十月革命之后，他流亡国外。1921 年，他在巴黎与香奈儿相遇。十年前他们曾经因亚瑟·卡佩尔的关系而相互认识，只不过当时香奈儿没有身份地位和名气，只是一个帽子店的小老板和上层社会人士的情妇，而

香奈儿与迪米特里大公

迪米特里则身份尊贵，意气风发。而十年后，他们的身份地位发生了翻天覆地的变化，一个成了恓惶不已的流亡者，一个成了富有高贵的时尚女王。

香奈儿被迪米特里深深地吸引住了。“我被他迷住了。”香奈儿说，“他拥有一种落难王孙独特的忧郁气质。”

迪米特里成了香奈儿公寓的常客，他们的交往逐渐密集起来，经常约会。米西亚给远在西班牙的斯特拉文斯基发了一封电报，讲述了这边的情况。她说：“可可是个爱大公胜过爱艺术家的小裁缝。”斯特拉文斯基大发雷霆，但无可奈何。当香奈儿询问发电报的事情时，米西亚根本就不承认，两个人因此闹得很不愉快。

香奈儿和迪米特里的关系发展很快，他们决定出去旅行，并为此购买了一辆蓝色敞篷款的劳斯莱斯轿车。对香奈儿来说，这次旅行意义非凡。他们去了香奈儿幼年时生活过的地方，还有她母亲出生的地方——奥弗涅。香奈儿并没有对迪米特里说明奥弗涅对于自己的意义。她只是默默地怀念和感慨。现在的她非常富有，身份地位高贵，被那些上流社会的精英追求，她获得了真正的成功。她想起了悲惨的童年和可怜的母亲。当时，人们都同情她的母亲，对她的母亲很不满，认为她不应该找一个浪荡子，并死心塌地跟着这个浪荡子。但香奈儿为母亲做出了辩护："她至少嫁给了一个她爱的男人。"

在旅行的途中，有一件事让香奈儿心情糟糕透顶。他们看见了亚瑟·卡佩尔发生车祸的地方。但是，香奈儿已经足够成熟和理智，虽然心情不好，她却很好地隐藏了自己的感情。

三个礼拜之后，他们结束了这次意义非凡的旅行。

他们的恋情持续了三年时间。之后，香奈儿厌倦了迪米特里，她不想以包养的方式再持续他们的关系，在她看来，除了高贵的血统和俊美的容颜，迪米特里剩下的就是无尽的忧郁和颓废，这些东西已经无法引起她丝毫的兴趣。

通过与两个俄国男人的密切交往相处，香奈儿的灵感被激发了，她的服装设计中融入了更多的俄罗斯元素。1922 年春天，香奈儿在法国《时尚》杂志推出了她的最新设计——"斯拉夫魅力"系列。这个系列大量使用了俄罗斯最典型的宫廷刺绣工艺，深受顾客的欢迎。

PART 3

香水 珠宝 情人：
香奈儿的中年“三部曲”

（1921—1938）

香奈儿的经典设计除了服装，还有香水和珠宝。香奈儿 5 号香水是一个永恒的经典，也是她的巅峰之作和主要财富来源，而珠宝设计则让她的事业更上层楼。人到中年的香奈儿，逐渐走向了巅峰。

第六章

香奈儿5号香水，一个永恒的经典

不用香水的女人，是没有前途的女人。

——可可·香奈儿

神秘的5号香水

服装生意做大之后，香奈儿开始寻找新的机会，她把目光投向了化妆品领域，主要目标是香水。于是她创造出了著名的香奈儿 5 号香水。

5 号香水销量惊人，为香奈儿创造了巨额的财富，让她真正名扬全球，并奠定了香奈儿帝国的基础。

5 号香水就是一个神话，充满了神秘的色彩。无论是它诞生的因缘，还是秘密的配方，都有不同的说法和版本，这让它从一开始就迷雾重重，引人注目。

主流版本是这样的：

1921 年，经过迪米特里大公的介绍，香奈儿认识了一个调香师——恩尼斯·鲍。

恩尼斯是法国人，他的父亲是一家法国香水公司的主管，而这家公司承包了俄国宫廷的香水生意。在父亲的鼓励和帮助下，他成了一名优秀的调香师。十月革命爆发后，他被迫离开了俄国而回到法国的小城格拉斯。

格拉斯位于法国的东南部，距离戛纳只有19公里。17世纪的时候，这里的人们主要从事皮革生意，为了消除皮革的异味，他们开始研究香水。很快，香水在这里兴盛起来。后来，这里成了世界著名的香水生产地，被称为香水之都。

恩尼斯在格拉斯拥有一间实验室，专门从事香水研制。他一直在做一种合成醛（aldehyde）的实验。香水里的醛是指含有醛基的有机化合物。“过量的醛的味道往往令人生厌，而与花香的结合能磨平它的棱角，同时让原本低眉顺眼的花香变得坚实又大气磅礴。”

恩尼斯使用合成醛研制成了一个独特的香水，他称其为“凯瑟琳的香味”，而且，他还不断地对其进行改进。

香奈儿很爱干净，对人体的气味非常敏感。如果谁的气味闻起来不好，那么这个人一定不会获得香奈儿的好感。香奈儿刚走向社会学习舞台表演的时候，那些著名演员使用高档香水，而自己没有钱只能使用廉价的低档香水，这使她的内心受到很大的冲击。现在，她有钱了，可以随便使用那些高档香水，但是她很快就对这些香水厌倦了。那些香水的味道不外乎玫瑰、丁香，或者铃兰、薰衣草，没有什么特别之处。她想要寻找一种与以往任何花香都不同的香水，比如人工合成的香水，这种香水的香气更加稳定持久。恩尼斯的出现让她看到了希望。她打算与恩尼斯合作。

当香奈儿提出想制作香水时，遭到了阿德里安娜的反对。在阿德里安娜看来，服装生意做得好好的，赚的钱完全够花了，没有必要再去做不熟悉的香水。

虽然阿德里安娜是香奈儿的闺密、小姑和得力帮手，提出的意见很有分量，但香奈儿更有主见，她看中的生意绝不会轻易放手，她最终决定研制开发香水。

香奈儿来到了格拉斯，并逗留了两天。她告诉恩尼斯自己想要找什么样的香水。根据香奈儿的描述和要求，恩尼斯提供了 1—5 和 20—24 两个系列的香水让她挑选，最后香奈儿选择了 5 号。恩尼斯表示，5 号香水是“凯瑟琳的香味”的改进版，它的香味由格拉斯的五月玫瑰、茉莉花、乙醛等 80 种成分组合而成，清幽的繁花香气凸现女性的娇柔妩媚。香奈儿则说：“这是一种前所未有的香水，一种充满女人味的女性香水。”从此以后，香奈儿 5 号香水诞生。

神秘的香奈儿5号香水

关于5号香水的诞生，米西亚却提供了一个不同的版本。

在这个版本中，米西亚是主角。米西亚说自己认识一个名叫吕西安·都德的朋友，这个朋友是拿破仑三世的妻子欧仁妮皇后的秘书。他发现了皇后的一个制作香水的秘方。据说这种香水不是普通的美容产品配方，而是拥有一种奇特的效果——延缓衰老。他把这个惊人的秘方告诉了米西亚，而米西亚则告诉了香奈儿。

香奈儿对这个秘方很感兴趣，然后购买了它。得到秘方后，香奈儿进行了试验和改进。就这样，香奈儿5号香水诞生了。

不同的说法，让5号香水的诞生产生了神秘的色彩和强大的诱惑性。这样更引起了顾客的兴趣。

香奈儿5号香水的神奇还体现在了它的名字上。当时没有人选择用数字作为香水的名字，人们更多是选用充满幻想、华丽高端的词语。人们很好奇，香奈儿为什么会选择5这个数字?

有人说，香奈儿非常迷信。有个吉卜赛人曾经告诉香奈儿5非常吉利,是她的幸运数字。5与香奈儿很有缘,她的星座标志是狮子，处于星座标志排行的第5位。而且，她也知道，古代炼金术士认为，5象征着宇宙。还有人推测，香奈儿忘不了奥巴辛修道院地板图案上镶嵌的五角星。

恩尼斯说，他当时问香奈儿如何为香水命名。香奈儿表示，她的女装系列通常是每年的5月份展示，所以就叫5号香水吧。

而香奈儿则在后来的采访中表示，选择5这个数字并没有什么特殊的意义，仅仅是因为它在系列中编号为5。

不管怎样，选择5的不同版本的原因又增加了香水的神秘感。

5号香水生产出来后，香奈儿并没有急着投入市场，而是先进行试验。她把5号香水喷洒在服装店的试衣间里面，测试顾客的反应。结果发现试衣服的顾客明显增多，并且有顾客询问怎样才能购买到“试衣间里面的香水味”。得到香奈儿叮嘱的店员表示，这种香水暂时没有出售，但可以免费赠送一个小样品。

越来越多的顾客想要获得这个香水的样品，甚至有些顾客不是为了购买衣服，而是专门来闻这种让人迷醉的香水。许多高级客户也是慕名而来，希望得到香水的样品。

1921年5月5日，看到时机成熟，香奈儿在康朋街31号的时尚沙龙正式发售了5号香水。随后，她在多维尔、比亚里茨的时尚沙龙大量销售香水。

在帽子和服装之后，香奈儿的第三个拳头产品开始走向市场。

极富创意的包装设计

香奈儿 5 号香水的独特不仅仅体现在气味上，还有它的包装设计。正是因为它的瓶子极具创意，所以才会让它成为“香水贵族中的贵族”。

当时，香水瓶子的设计采用丘比特式的形状，象征女性的身材，充满绚丽华美的诱惑。而香奈儿则打破传统，给 5 号香水设计了一款“纯白色的简单瓶子”。她说：“我的美学观点与别人不同，别人在做加法，而我在做减法。”最终瓶子采用了宝石切割般形态的盖子、透明水晶的方形身体、简单明了的线条。

在香奈儿 5 号香水的瓶盖处有“双 C”标志，封口处有一个带黑色圆圈的小写字母 c。这对香奈儿具有非凡的意义。字母 C 代表着香奈儿，成了时尚流行的标志。

这种简约精致的设计与传统的设计形成了巨大的反差和对比，

从而使得 5 号香水的瓶子脱颖而出，很快获得顾客的青睐。

其实，当时许多时尚专家不看好这个瓶子的设计，认为它活像一个药罐子，实在是有点丑陋，“时尚女王”香奈儿的一世英名要被其毁掉。然而，现实却证明香奈儿确实具有超凡的洞察力和敏锐的眼光。

关于香奈儿 5 号香水瓶子的设计有三种说法：香奈儿的律师说是香奈儿自己设计的；有人说是布罗斯公司制作的，他们借鉴了亚瑟 · 卡佩尔公司的某一款化妆品瓶子的造型；而最后一种说法是法国著名艺术家保罗 · 海勒的儿子让 · 海勒设计的，而让 · 海勒是香奈儿公司的雇员。

虽然香奈儿 5 号香水的包装设计是一个谜，但其所获得的巨大成就有目共睹。1959 年，香奈儿 5 号香水荣获“当代杰出艺术品”称号，被纽约现代艺术博物馆展出。

可以说，香奈儿 5 号香水瓶是名副其实的艺术品。它成了 5 号香水传奇的一部分，也成了香奈儿传奇的一部分。

香奈儿5号背后的商业利益纠葛

香水生意给香奈儿带来巨大收益的同时，也带来了巨大的压力和困惑。5 号香水的市场需求量很大，订单如雪片一样飞来，而生产能力却跟不上。恩尼斯一直给香奈儿供货，他那个小规模的实验室根本无法满足需求。所以，香奈儿需要扩大生产，寻找更加高效的机械化生产方式。

老佛爷商城在巴黎非常有名，云集了世界上绝大多数的著名品牌。这家商城的大股东泰奥菲尔·巴德与香奈儿认识，他们有生意上的往来。他给香奈儿介绍了一对兄弟——皮埃尔·韦特海默和保罗·韦特海默。

韦特海默兄弟是法国最大的化妆品香水公司夜巴黎的老板，也是老佛爷商城的股东。他们是犹太裔法国人，都很年轻，也非常精明。这对兄弟的性格完全相反，保罗非常内向，不善交际，而皮埃尔则很会交际，长得也很帅，喜欢马和收藏，非常有魅力，很受人们欢迎。当然，他们都是做生意的高手，冷酷而果断。韦特海默家族非常低调和谨慎，在外界的名气不是很大，但却很有底蕴和实力，其所取得的成就和财富堪比罗斯柴尔德家族。

韦特海默兄弟共同掌管着家族生意。他们打算扩大经营，让公司再上一个台阶。香奈儿也有同样的打算，于是他们一拍即合，决定签订协议，成立新公司，一起把香水生意做到更大。

1924 年春，他们合作的新公司成立了，名字叫香奈儿香水公司，主要销售产品为香奈儿 5 号香水。

新公司的股权结构是这样的，韦特海默兄弟是主要投资人，占有 70% 的股份，巴德撮合了生意，占有 20% 的股份，香奈儿占有 10% 的股份。后来，韦特海默兄弟收购了巴德的股份，拥有了 90% 的股份。

对于这次合作，香奈儿后来就后悔了。她当时的香水生意已经做得很大了，具有相当雄厚的实力，而且香奈儿的品牌是她的，公司也是她在运营管理，但经营的利润她却只能获得 10%，这让她觉得很吃亏，内心极度不平衡。而且，随着香奈儿 5 号香水的销售量不断增大，她的后悔就更甚。她后来一直说："我在 1924 年签了一个协议，我被骗了。"

香奈儿想拿回自己应得的东西，就一直与韦特海默兄弟争吵，甚至是打官司，希望拥有更多的股份，但韦特海默兄弟坚持不松口。

皮埃尔·韦特海默

在韦特海默兄弟看来，自己提供最主要的资金支持，从而让香奈儿香水举世闻名，这些与香奈儿的关系不大，所以应该获得最大的利益。香奈儿非常气愤，而又无可奈何。她一边骂皮埃尔·韦特海默“骗子”，一边又称呼他为“亲爱的皮埃尔”。他们这种既合作又互憎的关系持续了很多年。

在第二次世界大战期间，德国纳粹强迫法国的犹太人交出名下的财产和企业，香奈儿看到了夺取香水公司的希望和机会。1941年，她给纳粹统治者写信，声称香奈儿香水公司属犹太人所有，应把产权重新分配，确切地说是转让给她。

她在信中说：“香奈儿香水公司仍然是犹太人的财产……在法律上已被其所有权人‘放弃’。我具有无可置疑的优先权……自从该公司成立以来，我从我设计的产品中获得的收益……是不相称的。”谁知，韦特海默兄弟对此早有应对的策略。他们在逃离法国、去往美国之前，将公司的产权转到了一位非犹太裔的法国商人的名下。香奈儿未能如愿。

幸运的是，虽然公司的股东之间争斗不断，但香奈儿 5 号香水一直很畅销，公司的经营很稳定。

虽然香奈儿的服装生意不错，但其大部分财富来源于香水销售。可以说，5 号香水就是香奈儿真正的摇钱树。

时尚邂逅艺术：与毕加索的交往

作为“时尚女王”，香奈儿早已踏进了巴黎顶级艺术圈，认识了许多文化艺术界的名人，毕加索就是其中的一个。

毕加索 1881 年出生于西班牙，后来移居巴黎。他在绘画、雕塑等方面取得了非凡的成就，被称为现代艺术的创始人，20 世纪最伟大的艺术天才。

1921 年，香奈儿通过米西亚认识了毕加索和让・科克托。1915 年至 1925 年期间，科克托是巴黎艺术圈的核心人物。他的身份比较多，包括诗人、作家、评论家、戏剧家、画家、舞台设计师、电影导演等。

1922 年，香奈儿、毕加索、科克托等人合作改编了希腊悲剧《安提戈涅》。科克托负责改编剧本，毕加索负责舞台布景设计，香奈儿负责服装设计，并提供演出服装。

后来，他们又合作了芭蕾舞剧《蓝色列车》。其中毕加索负责节目单及布景创作，香奈儿则负责演出服装的设计和制作。时任奥委会主席的顾拜旦观看了《蓝色列车》,对香奈儿的服装设计推崇备至，他说："香奈儿小姐的服装犹如画龙点睛之笔。"毕加索也称赞香奈儿为"欧洲最有灵气的女人"。

多次合作之后，香奈儿与毕加索为彼此的才华所吸引。他们互相尊敬、互相欣赏，关系逐渐密切起来。毕加索曾经有一段时间患了空间幽闭症，香奈儿为他提供了通风采光条件很好的住所。

随着交往时间的增多，他们之间擦出了感情的火花。米西亚发现了他们的情况，试图阻止，但没有成功。她虽然是香奈儿最好的朋友，但在感情问题上，她对香奈儿的影响力并不是很大。因为香奈儿具有很强的独立精神,非常有主见。在米西亚看来,作为好朋友，她有保护香奈儿的义务，而香奈儿则对这种保护非常反感。香奈儿在后来回忆时说："我不需要保护，就是要，也不是米西亚的那种保护。"

最后，由于性格上的原因，香奈儿与毕加索的感情只持续了很短的时间。但是,他们仍然是很好的朋友。他们的友谊持续了一生。

与诗人皮埃尔·勒韦迪的恋情

亲爱的可可
光阴流逝
岁月如梭
时光荏苒
我在灰暗的生命中迷失了航向
重新拾起，却比夜更加阴暗
唯一明白的是我用我整颗心拥抱您
而未来如何，我毫不在意

这是法国著名诗人皮埃尔·勒韦迪为香奈儿写的诗。

勒韦迪 1889 年出生于法国纳博讷，比香奈儿小 6 岁，是超现实主义诗歌的先驱之一。经过米西亚和毕加索的介绍，香奈儿与勒韦迪认识了。勒韦迪是毕加索的好朋友，也是米西亚的资助对象。在巴黎，像勒韦迪这样的落魄、穷困才子有很多，他们几乎是靠着“艺术赞助人”而生活和创作。

勒韦迪的妻子是一个裁缝工，由于家庭生活困难，她才不得不出去干裁缝的工作。勒韦迪非常爱自己的妻子，但为了生计，他往往会面对艰难的选择。他刚开始只是一个小小的校对员，后来慢慢地成长为一个诗人，但穷困一直缠绕着他。

由于家庭的贫困，勒韦迪成年以前的生活很苦，这与香奈儿的遭遇有些相像。香奈儿非常同情勒韦迪，并把自己幼年的情况告诉了他，两个人产生了强烈的情感共鸣。

香奈儿很快喜欢上了勒韦迪。对于勒韦迪，她在金钱和感情方面都非常慷慨。但是，勒韦迪却很纠结。他爱自己的妻子，想拒绝香奈儿，但是他也迷恋香奈儿，而且他也需要更多的资助。

对于勒韦迪的纠结，香奈儿有足够的耐心。她似乎动了真情，爱上了勒韦迪。可以说，除了亚瑟·卡佩尔，勒韦迪是她的最爱。

勒韦迪经常会离开香奈儿，回到自己妻子的身边，他想减轻自己感情的负担。但是，他又完全放不下香奈儿。香奈儿的魅力——卓越的能力、丰富的想象力和创造力、时尚高雅的生活方式——让他欲罢不能。所以，他最终又会来找香奈儿。

香奈儿说勒韦迪在逃避和拒绝幸福。她希望勒韦迪一直留在自己身边，她愿意去照顾他，让他生活得更加快乐幸福。为了帮助勒韦迪，她暗中数次拜访勒韦迪的出版商，给出版商付钱让对方出版勒韦迪的诗集。她还出高价购买了勒韦迪的书稿，说是为了收藏。她费尽心机，在维护勒韦迪自尊的前提下帮助他。

勒韦迪性格孤僻，脾气暴躁，许多人都因无法忍受而离开他，但香奈儿不在乎这些，她甚至想办法弥补勒韦迪与那些人的关系。勒韦迪已经结婚，而且很爱他的妻子，香奈儿也不在乎。香奈儿在乎的是自己的爱是真实的，她甘愿为此付出。

在香奈儿的帮助下，勒韦迪的才华得到了更大的展现。但是，对妻子的内疚时常折磨他，而且，香奈儿的爱对他来说有些沉重，香奈儿的束缚让他感到害怕，于是他打算逃离。

1925 年，勒韦迪彻底离开了香奈儿，离开了巴黎，在索莱姆（法国北部的一个城镇）的修道院隐居。忠诚的妻子跟着他在修道院的附近定居。

香奈儿再次受到沉重的打击，虽然没有亚瑟·卡佩尔离开时那么刻骨铭心、悲痛欲绝，但也伤得不轻。

她的爱没有回报，只有冰冷的痛苦。

命运之神在事业上给了她很大的成就，但在感情上却屡次伤她。

直到 1960 年去世，勒韦迪一直待在修道院里，其间只短暂地在巴黎待了一段时间。在这种安静的环境中，他开始了疯狂的创作，先后写了不少优秀的诗歌。在此期间，他经常把写的诗歌寄给香奈儿，让她欣赏，而且香奈儿也把自己写的一些东西寄给他，让他润色修改。在经济上，香奈儿仍然帮助他，比如为他的润色修改付费。

香奈儿与勒韦迪虽然没有在一起，没能修成正果，但他们的友谊持续了一生。香奈儿说："勒韦迪是我永远的诗人。他给了我一段青春，一个文化时代。"

第七章

闪光的梦想：香奈儿珠宝的诞生

我之所以选钻石，是因为它们的致密——在最小的单位里体现最大的价值。

——可可·香奈儿

香奈儿的人造珠宝

香奈儿的商业帝国继续扩张，继帽子、服装、香水之后，珠宝成了新的成员。

1924 年，香奈儿成立了自己的珠宝设计室。当时，香奈儿的生意已经非常大了，雇员达到了 3000 人。但是，她从来都不是一个容易满足的人，在做生意赚钱和不断创造方面，她非常“贪婪”，所以，即使服装生意不错，开了很多店，5 号香水销售势头很猛，财源滚滚而来，她仍然寻找新的增长点。以珠宝为代表的配饰生意成了她再次发力的重点。她的扩张循序渐进，围绕女人的穿戴打扮需求慢慢展开。

其实，从 1921 年开始，香奈儿就已经售卖珠宝等饰品。只不过当时没有自己设计制作，而是从别人那里进货售卖。珠宝饰品的利润不低，香奈儿在生意做大有了一定的实力之后，没有理由放过它。

香奈儿的创造和大胆革新往往让人吃惊，在珠宝饰品方面也是如此。她做的是人造珠宝，也叫玻璃珠宝，而不是传统的宝石。她在珠宝方面的合作伙伴是梅森·格力普瓦（Maison Gripoix）。

格力普瓦是一个家族品牌，主要制作彩色玻璃首饰。在顶级奢侈品行业中，家族产业更容易获得成功。其实，欧洲许多和时尚奢侈有关的品牌都是以小作坊形式存在，珠宝业也不例外。

格力普瓦将手工琉璃煅烧焗制工艺和珠宝订制相结合，制作出了各种混搭首饰。这种新材料做的首饰虽然没有传统宝石珍贵，但工艺精巧，非常时尚漂亮。香奈儿看上了这种首饰。

另外，服饰风格逐渐发生了变化，也出现了许多新型布料，传统的金银珠宝不能满足女性舒适和随意搭配服装的需要，设计师们也开始尝试更多的材质来制作珠宝。格力普瓦制作的珠宝刚好契合这种服装变化的风潮。

香奈儿说："我的珠宝绝不和女人及她们的衣服孤立开来。衣服变了，珠宝也会随之而变。"

珠宝设计室成立以后，香奈儿邀请艾提安·博蒙特伯爵担任经理。在香奈儿看来，博蒙特伯爵拥有很广的人脉，能够找到最优秀的工匠来制作珠宝，而且他的很多朋友都是很懂珠宝的行家，能够为他们的设计制作提供宝贵的建议。然而，实际情况并不如意，一段时间之后两个人不欢而散，香奈儿给出的理由是博蒙特伯爵私底下与她唱对台戏，而且还挖了她的墙脚。后来，香奈儿又雇用了大文豪雨果的曾孙尚·雨果和意大利贵族佛杜拉公爵为她设计珠宝。

在珠宝设计风格方面，香奈儿融入了大量文艺复兴时期和拜占庭时期的元素。所以她的珠宝饰品简约大方，精美绝伦，充满了异域风情。

山茶花是香奈儿珠宝设计的灵感来源之一。山茶花其实是一种雌雄同株的植物，这让它带有些暧昧的意味。因此，山茶花象征的绝不仅仅是优雅和纯洁而已，它还是禁忌之花。香奈儿对于它的使用不仅仅是一场灵感的迸发，更是跨越了当时对于诱惑魅力的礼法约束，真正鼓励女性投向解放、不受传统拘束的革命！

其实，在以前观看小仲马的《茶花女》时，香奈儿深受感动和启发。在她看来，很少有一种花像山茶花这样圆润优雅。所以，她把这种圆润优雅深深地融入自己所设计的珠宝中。

还有麦穗，也是香奈儿珠宝设计的灵感来源。香奈儿对麦穗有

香奈儿珠宝山茶花

非常深刻的记忆。她小时候待在奥弗涅，那里有将小麦穗束、雕刻大麦穗束或干燥麦穗圈吊挂在门上招好运的习俗。而且，香奈儿出生于 8 月 19 日，恰好是小麦收获的季节。所以，她对麦穗情有独钟。她将这一象征丰饶、富足的自然植物看作自己的幸运符，运用在珠宝设计中，而且在公寓的各个房间中布置了铜质、木雕等不同材质的麦穗饰品。

当时，巴黎的有钱人不少，但绝大多数人还是无法花费大价钱拥有那些昂贵的真宝石。而香奈儿的人造珠宝虽然也不便宜，但价格毕竟还能够承受，于是就成了人们的首选。更为重要的是，香奈儿亲自上阵，为自己的珠宝做宣传。要知道，香奈儿是“时尚女王”，引导时尚的潮流，许多人都在跟随她，效仿她。很快，佩戴香奈儿的人造珠宝成了新潮。

香奈儿的人造珠宝打破了贵族阶层才能享用华丽珠宝的陈规，特别是在随后的“大萧条”期间，使西方女性得以在拮据的经济形势下继续保持美丽和优雅。

香奈儿对珠宝的独特理解

对于珠宝饰品，香奈儿的理解和看法与众不同。

“我设计的人造珠宝不是为了让女性看起来有钱，而是为了让她们更加美丽。”

“女人应该学会以假乱真。让一个女人佩戴真正的珠宝，就好比让她用真的鲜花装点自己的身体，而不是丝绸印花。她会在几个小时内变得黯然失色。”

“我喜欢人造珠宝，因为我觉得它们充满挑战性。脖子上挂着几百万走来走去，仅仅是因为你有钱，这会让我觉得羞耻。珠宝的要义不是让一个女人看起来有钱，而是让她更加优雅美丽，这不是一回事。”

“昂贵的珠宝并不能提高女性气质……如果一个女人看上去很普通，那么她即使佩戴再昂贵的珠宝，也会很普通……她们疯狂地追求绚丽昂贵的珠宝，让我感到恶心；珠宝不是为了引起嫉妒，更不是为了让别人惊讶。珠宝只是一个装饰，一种娱乐……”

香奈儿的言论为她的行动做了最好的说明。她追求的是朴素大方的优雅和美丽，而不是昂贵庸俗的奢侈和炫耀。

香奈儿把许多昂贵的宝石首饰都拆了，然后按照自己的风格重新设计制作。比如，把宝石项链改做成耳环。她还有一个习惯，就是把传统宝石和人造珠宝混在一起佩戴。

香奈儿很善于搭配服饰，一串串美丽的人造珍珠搭配一套套简洁的服装，能使整个人看起来熠熠生辉。1929 年，香奈儿在自己的贝雷帽上佩戴了一枚大胸针，一时间风靡万千女性。当时，香奈儿的经典胸针造型是马耳他十字架的形状，十字架正中心一枚人造珍珠，四周是红宝石般的染色玻璃和人造钻石。

和那些富人相比，香奈儿对奢侈有不同的理解。在那些富人看来，珠宝象征着高贵、身份和地位。而香奈儿则认为，珠宝看上去应该是纯洁无邪的，而不应该充满“铜臭味”。

后来，香奈儿在人造珠宝的基础上开发了高级珠宝，主要材料为钻石。在香奈儿眼中，钻石代表低调的华丽，对爱的坚贞，星河的神秘。

1932 年 11 月 1 日，香奈儿在她位于巴黎圣·奥诺雷街 29 号的宅邸内举办了钻石珠宝展会。这是她的顶级珠宝创作——“Bijoux de Diamants”钻石珠宝系列首次亮相，展现了她钟爱的永恒主题：

彗星、星星、蝴蝶结……这些元素也成了品牌的经典象征。展会上没有模特，全部是蜡像，每个蜡像都佩戴了展出的钻石珠宝。

这次展会持续了半个月，每天都会有大量的人过来观看，其中包括巴黎的公主、公爵夫人和大使夫人。展会的门票价格为20法郎，所有门票收入都捐献给了慈善机构。

当时虽然处于经济萧条期，失业者与日俱增，但香奈儿的珠宝展获得了成功。有媒体做了如下的报道：

"……一道彗星光芒的弧线，环绕粉颈，成为最耀眼的项链；灵动的光芒缠绕手腕，成为华丽绚烂的手镯；做工精细的月牙头饰，也可以作为帽子上的别针；还有一轮简洁明亮的'太阳'，光芒四射，绚烂夺目，是举世罕见的珍品。"

"钻石流苏头饰不仅闪现惊人的创意，而且展示出绝美的低调奢华。"

"香奈儿用她绝美的创意……开创了一个崭新的珠宝时代！"

展会结束后，有人建议拆卸下展览中所用的宝石，但香奈儿却说："应该让最美的东西得以传世，不是吗？"这就是独特的香奈儿，她再一次改变了一切。

“公爵夫人有很多，但香奈儿只有一个”

事业上顺风顺水的香奈儿，在感情上屡遭挫折。勒韦迪离开她之后，她伤心了很长一段时间，直到在西敏公爵那里得到安慰。

西敏公爵是英国的首富，亲近的人都叫他本德尔，他继承了祖上的遗产，在伦敦的黄金地段拥有大量的地产。1899 年，他加入了英国皇家骑兵禁卫军，并被派往南非担任殖民地总督的副官。布尔战争期间，他和温斯顿·丘吉尔（后来的英国首相）共同战斗，结下了深厚的友谊。布尔战争是英国殖民者与当地布尔人（荷兰人的后裔）之间为了领土资源而发生的一场争斗。布尔人的人口只有几十万，而英国总共投入 40 多万兵力，历时近 3 年，付出伤亡 2.2 万人的代价都没有征服布尔人，最后双方签订了停战协议。这场战争促成了南非联邦的形成。1901 年，西敏公爵结婚，已经成为国会议员的丘吉尔出席了婚礼。

西敏公爵喜欢运动，痴迷于骑马、狩猎、航海。他的第一任妻子是英国王储威尔士亲王王妃的妹妹，婚后两人的关系出现问题，后来儿子夭折，导致两人离婚。1920 年，他第二次结婚，并购买了一艘名叫“飞云号”的大型游艇。这艘游艇非常豪华，是当时世界上数一数二的私人游艇。1923 年，就在“飞云号”上，西敏公爵认识了香奈儿。他们的相识，主要是由于一个叫维拉 · 巴特的女人的穿针引线。

据说，维拉·巴特是一位公爵的私生女，后来被英国皇室收养。香奈儿聘请维拉作为自己公司的公关经理。在维拉的引导下，香奈儿与英国高层贵族建立了良好的关系，认识了西敏公爵、威尔士亲王和丘吉尔。香奈儿给了维拉很高的报酬，而维拉不用从事其他工作，只是穿着香奈儿的服饰参加各种高档的聚会，提升香奈儿的知名度，为香奈儿打理各种关系。对此，香奈儿曾经说：“我雇用上流社会的人不是为了满足虚荣心……而是他们在上层社交圈对我有用。”

西敏公爵见到香奈儿后很快被吸引。对于他们这种上层社会的大人物来说，香奈儿独特的气质具有很大的诱惑力。为了讨好香奈儿，西敏公爵经常给她写情书并附带很贵重的礼物，包括珠宝首饰、自家庄园生产的水果和鲜花。西敏公爵拥有非常大而著名的庄园——伊顿庄园。他在伊顿庄园里搭建了温棚，栽培了各种珍贵的水果和花卉。为了突显香奈儿在自己心中的地位，西敏公爵去拜访香奈儿的时候，常常会叫上威尔士亲王。他还经常邀请香奈儿到“飞云号”上游玩，品尝美酒，钓鱼，欣赏美丽的海上风景。

1924 年，媒体传出了他们的桃色新闻。“……‘飞云号’上的女主角是一位漂亮而有才华的法国小姐，掌控着一家巴黎的大型服装公司……她会成为新的公爵夫人吗？”

对于香奈儿来说，也许西敏公爵的财富让她心动，但她也有顾虑，自己的独立性是否会受到影响。面对西敏公爵的追求，她犹豫了几个月后，最终接受了这份感情。

香奈儿住进了伊顿庄园，当然，不是常住，而是每隔一段时间就会来庄园小住，与西敏公爵相会。虽然她见惯了巴黎的繁华，但仍被伊顿庄园震惊了。庄园里的景致非常美妙，规模宏大，堪称皇宫。

在伊顿庄园，香奈儿保持了本性，没有因迎合某些东西而改变自己。这里和罗亚尔庄园不一样，她不是依靠男人而生存，她有自己的公司和事业，拥有足够奢侈生活的财富。她来这里只是为了自由地享受爱情，而不是为了生存。所以，在这里她自由随意得多。在伊顿庄园的管家日记上有这样一件事：1927 年春天，“小姐”（仆人对香奈儿的称呼）趁一个男仆做家务的时候，竟然“借”了他的背心穿在自己身上，而且脖子上还戴着两串洁白的项链，这样的搭配看起来有些怪异，却有一份特殊迷人的韵味。

香奈儿经常与西敏公爵一起骑马、赛马、打猎、钓鱼。有的时候，丘吉尔也参加他们的活动，香奈儿与丘吉尔也成了很好的朋友。丘

香奈儿与
西敏公爵

吉尔在给妻子的信中写道："我现在在北极呢。昨天我钓了很多鱼……可可取代了薇尔莉特（西敏公爵的妻子）……她非常和蔼可亲，真是个优秀强大的女性，很适合掌控一个男人或者帝国。"

西敏公爵专门为香奈儿购买了一座庄园。这座庄园位于苏格兰，名字非常浪漫，叫作玫瑰庄园。香奈儿完全按照自己的品位装修他们的爱巢，连通的浴室，舒适的坐浴盆，沁人心脾的鲜花，精致的雕饰，一切显得那么温馨而惬意。

西敏公爵对香奈儿爱护有加。有一次，他们去打猎，骑在香奈儿前面的人拨开一根树枝，突然树枝反弹回来把香奈儿的嘴唇打得流血了，西敏公爵愤怒地大喊："这是哪个蠢货干的？"随后他立即停止打猎，护送香奈儿回去治疗。还有一次，西敏公爵为自己的长女（第一个夫人生了两个女儿）举行成人仪式。香奈儿说好要参加，却并没有出现在仪式上。这对于很有身份地位的公爵来说有些难堪。西敏公爵没有发怒，而且当他听说香奈儿身体不舒服时，立刻离开了仪式会场，直奔香奈儿那里而去。在看望和安慰香奈儿的过程中，他发现香奈儿并不是真的病了，而是假装的。他也原谅了她。他明白香奈儿的苦衷，香奈儿不想以情人的身份与他的妻子同时出现在宴会上。

与西敏公爵在一起，香奈儿很快乐，同时服装设计的灵感也得到了激发。1928 年她与西敏公爵同游苏格兰时受到启发，创造了第一款斜纹软呢套装。斜纹软呢面料非常特殊，容易脱边，对缝制的要求极为苛刻，比如绲边比例、针脚疏密等，但香奈儿解决了这个问题，发明了著名的覆盖缝法。经典斜纹软呢恰如其分地诠释出了香奈儿式的奢华品位：豪华感来自材质上的处理；简洁优雅；不同身形的女人穿上皆合体，精致到每一颗扣子；做工完全无可挑剔。

1927 年 6 月的时候，香奈儿就在伦敦开了一家时装店。这个店是西敏公爵帮她租的，距离西敏公爵的庄园不远。随着时装店的开张，她的服装逐渐打入了英国上流社会，成为那些贵妇人购买服装的首选。

香奈儿与西敏公爵的关系成为许多媒体追逐的重点。这些媒体常常会猜测：香奈儿什么时候会成为公爵夫人？ 1930 年 2 月，媒体的猜测有了意想不到的结果，西敏公爵又结婚了，但新娘不是香奈儿。据说是香奈儿拒绝了西敏公爵的求婚，拒绝的理由成了经典——“公爵夫人有很多，但香奈儿只有一个！”

其实，内情很复杂，并不是简单的一句话能说清楚的。西敏公爵虽然结过两次婚，但一直没有儿子，没有人继承他那庞大的遗产。所以，他需要一个能够生儿子的夫人。遗憾的是，香奈儿无法生育。有一种说法是香奈儿在罗亚尔庄园的时候，由于为艾提安·巴勒松打过胎，当时出现了一些问题导致不孕。甚至有人揣测说，如果香奈儿能够怀孕，亚瑟·卡佩尔就不会娶戴安娜而是会与香奈儿结婚。

另外，西敏公爵觉得香奈儿的朋友很无聊，这让香奈儿很不舒服。

还有一个原因，香奈儿离不开工作，渴望从工作中获得自己人生的价值。虽然西敏公爵并没有干涉香奈儿的工作，但他非常希望香奈儿能够经常陪在自己身边。为了让香奈儿能够待在自己身边，他甚至把香奈儿时装店的裁缝带到了伊顿庄园，让香奈儿在庄园里工作。香奈儿每年要发布两次新品，通常是 2 月 5 日和 8 月 5 日。在这两个时间段，香奈儿必须留在巴黎，西敏公爵也会跟着来到巴黎，但明显地不耐烦。

就这样，两人的关系慢慢疏远起来，直至成为朋友，而不再是恋人。

后来，香奈儿回忆她与西敏公爵的交往时说："我的一生中有十年与西敏一起度过。他是个看似笨拙实则机敏的猎人。他拴住我十年，足以说明这一点。我们十分友好地一起生活了十年。我们一直是朋友，我爱他……他是绅士风度的化身，慷慨仁慈……"

第八章

进军好莱坞：把时尚带入电影

我剪短头发，我不是改变时尚，我就是时尚。

——可可·香奈儿

香奈儿的好莱坞之行

在香奈儿与西敏公爵的恋情走入尾声的时候，她的小姑阿德里安娜和密友米西亚的生活出现了很大的变化。

1930年，阿德里安娜与莫里斯·内克松结婚了。他们两个有情人苦等了二十多年终于修成正果。前不久，莫里斯的父亲去世，再也没有人能够阻止他们在一起了，而且莫里斯还继承了一大笔遗产。香奈儿做了他们的证婚人。这对香奈儿而言，也许是痛并快乐着。快乐的是自己的小姑加闺密终于熬出了头，找到了自己的终身幸福，痛苦的是她的姑姑都结婚了，而自己还是形单影只。

密友米西亚与她的丈夫塞特离婚了。塞特迷上了一个俄国公主。这位公主名叫鲁萨达纳，非常漂亮，在巴黎上流社会很有名，许多人拜倒在她的石榴裙下，塞特也不例外。米西亚试图让塞特回头，然而一切都是徒劳的，米西亚异常痛苦，毫无办法，只得离婚。

香奈儿拯救了米西亚。虽然自己与西敏公爵的情况也很糟糕，但香奈儿坚强地挺了过来，竭力安慰她，消除她的痛苦。香奈儿给米西亚报了一个旅游团，让她坐着游艇沿着达尔马西亚海岸航行了一圈。这虽然缓解了米西亚痛苦的情绪，但还是没有让她完全走出来，她开始依赖吗啡，而且需要的剂量越来越大。

当时，美国的大萧条已经席卷全球，经济状况很糟糕，到处是失业的人。香奈儿的生意也受到了影响，好在5号香水的销量一直不错。这时，有人介绍她认识了好莱坞“沙皇”塞缪尔·高德温。高德温与香奈儿进行了深入的交谈，他希望通过香奈儿为演员设计服装而吸引更多的女性来看电影，于是他邀请香奈儿去好莱坞。

刚开始，香奈儿并不想去，但架不住高德温的劝说，另外，她也想让米西亚出去散散心，尽快从婚姻的失败中走出来，于是就答应了高德温。

1931年春，香奈儿与米西亚开始了美国好莱坞之行。

香奈儿到达美国的消息迅速传开，许多媒体闻风而动，早早地等在了她下榻的酒店门口。面对采访，她表示这只是一个邀请，自己还不知道该提供什么样的电影服装，只有了解情况后才能确定。但是她会优先安排高德温先生设计女演员的服装，并尽量把这些服装做好。她要把时尚带到电影中来。

到达好莱坞之后，香奈儿受到了热烈的欢迎。好莱坞为她举办了欢迎宴会。在宴会上，她见到了许多大牌影星和著名的电影导演。

然后，导演们带领她参观工作室，观看电影的制作以及演员演出时穿的服装，了解什么样的服装才能符合演员的特点，以及镜头下需要什么样的服装。

接下来，香奈儿见到了很多人，包括《时尚芭莎》主编卡梅尔·斯诺、《时尚》主编玛格丽特·切斯和著名杂志出版商泰康·纳什，拉近了她与美国时尚界的关系。

给香奈儿留下深刻印象的是美国百货商场的服装销售方式。在当时的巴黎，服装设计师在推出新品之前，都极力隐藏自己的设计理念，然后用高档布料制作，针对有钱人卖出一个好价钱。而美国则截然不同，他们采用复制的方式，让普通大众都能享受最时尚的服装。美国的克莱因商店是当时世界最大的女装店，他们也不做大量宣传，而是把众多复制品牌聚集在一起，以便宜的价格让顾客随意挑选，从而获得巨大的成功。这让香奈儿感到震惊。

回到巴黎以后，香奈儿极力推荐美国的这种服装销售方式。在她看来，走入大街小巷的时尚才叫真正的时尚，时尚不应该只有上层社会的人独享，让普通大众享受时尚一定会成为时代的主流。这非常符合自己一贯简洁、大方、宽松的设计理念。只要降低面料的档次，就能设计出便宜的服装，而且更容易大量生产，使普通的女人穿上最时尚的衣服。

香奈儿走出了保守的壁垒，希望别人能够复制自己设计的服装。为此，从美国回到巴黎不久的她组织了一场慈善性质的时尚展会，向大家推荐自己的设计，希望大家复制自己设计的服装。而巴黎大多数服装设计师反对她这么做，他们要竭力保护自己的设计。然而，时代的潮流谁也无法阻挡，时尚注定要成为大众的时尚，而不是一小撮人的时尚。香奈儿最后的成功也证明了自己行为的正确性。

香奈儿的转变使得她顶住了大萧条期间的巨大压力，既赢得了普通大众，也保住了那些重要的高端顾客。而且，通过给好莱坞演员提供服装，也让她的品牌在美国的知名度大幅提升。1935 年的时候，香奈儿的服装生意再次扩大，员工人数达到了 4000 人左右。此前，除了康朋街 31 号，她先后购买了康朋街 29 号、25 号、27 号和 23 号。她的商业帝国版图更大了。

与设计师埃里布的恋情

与西敏公爵的恋情结束后，香奈儿找到了新的情人保罗·埃里布。

埃里布和香奈儿同岁，出生于法国南部的昂古莱姆，是一个巴斯克人，非常聪明，在艺术方面很有天分，但有一些油腔滑调。他的口才很棒，经常能够讨得女人的欢心。

1900年，埃里布来到巴黎谋求发展。他的插画水平很高，在巴黎先后创办了《证人》《Le Mot》杂志，逐渐进入了米西亚的时尚圈，并认识了香奈儿。同时，他还从事家具、面料、壁纸和珠宝的设计制作生意，取得不小的成就。

埃里布的第一任妻子是一个漂亮的女演员，后来两人离婚了。第一次世界大战期间，埃里布的生意基本都垮了。1919年，他离开巴黎去美国寻找更好的机会。在美国，他第二次结婚，新娘是一位豪门千金，名字叫梅贝尔·霍根。婚姻的成功无法掩盖他糟糕的事业，他先后为好几部电影设计戏服，但效果很差，最后被解雇了。

1927 年，埃里布带着妻子和孩子回到了巴黎，在妻子的资助下开了一家室内设计精品店。后来，他开始为香奈儿工作。1932 年的香奈儿顶级珠宝展会就是他在张罗打理。1933 年，在香奈儿的资助下，他重新创办了《证人》杂志。同时，也传出了他与香奈儿的绯闻。

梅贝尔发现了丈夫与香奈儿的私情，但毫无办法，她根本就管不了丈夫，最后不得不离婚，带着孩子回美国去了。

为了与埃里布幽会，香奈儿专门租了一处住所。这处住所比较简朴，但非常安静。对此，埃里布很不满意，他需要享受奢华，而不是两个人在“简陋”的房子里谈情说爱。两个人为此吵了几次，随后香奈儿做出妥协，搬到了丽兹酒店。再后来，香奈儿为他们两人购买了一栋法式别墅。

对于香奈儿的新恋情，她的好友女作家柯莱特表示了担忧。柯莱特很反感埃里布。埃里布的第一任妻子与柯莱特是好朋友，而埃里布却无情地抛弃了她，所以柯莱特认为埃里布不可靠。在给丈夫的信中，柯莱特把埃里布描绘成了一个喜欢奉承人的可怕的恶魔，说他身材纤细、一脸皱纹、满头白发，还戴着假牙，说话的声音像鸽子。不管怎样，香奈儿的感觉很好，她喜欢埃里布。内心孤独的香奈儿太渴望爱了，当一个男人说爱她，并展开疯狂的攻势的时候，她根本无法抵挡这种诱惑，即使这个男人的人品不怎么样，她也不在乎。

香奈儿对埃里布很信任，并任命他为香奈儿香水公司的总经理。在与韦特海默兄弟为了股权而发生的争斗中，埃里布成了香奈儿的全权代表，然而他却搞砸了。由于失误，他被韦特海默兄弟抓住了把柄，赶出了董事会。1934年，香奈儿也被罢免了董事长，只能成为一个普通的股东。

1935年夏天，香奈儿与埃里布的恋情突然终止，因为埃里布死了。他们在法式别墅打网球的时候，埃里布突然摔倒了，从此再也没有站起来。原来埃里布患有严重的心脏病，剧烈的运动要了他的命。

对于埃里布的死，香奈儿一直感到很内疚。她认为在打网球的时候，埃里布说有些头晕，而她没有当回事，坚持继续打球，结果导致埃里布死亡。

埃里布的死亡对香奈儿打击很大。从亚瑟·卡佩尔、斯特拉文斯基、勒韦迪，到西敏公爵，再到埃里布，她没有留住他们之中的任何一个。他们一个个离她而去，只留下她一个人孤独前行。这勾起了童年时父亲抛弃她的痛苦回忆。难道在感情的世界里，自己就是一个时常被抛弃的孤儿？作为一个女人，如果感情总是遭遇波折，留下太多的遗憾和不甘，那么，即使事业再成功也是没有多大的意义。

香奈儿非常痛苦，陷入其中难以自拔。每当晚上的时候，她经常失眠，只有靠镇静剂才能入睡。

得知香奈儿状况的米西亚连忙赶了过来。在米西亚的陪伴和照顾之下，香奈儿才慢慢地走出了埃里布死亡的阴影。

第九章

强劲的竞争对手——夏帕瑞丽

流行稍纵即逝，风格永存。

——可可·香奈儿

夏帕瑞丽是谁

失去爱人的香奈儿将精力投向了工作。工作能够缓解她的痛苦，只要全心全意地投入工作，她会觉得时间过得不再那么漫长。

香奈儿的服装生意一直比较顺利，很少有真正能够威胁到她的竞争对手。她统治着巴黎的时装界，甚至对全世界的时装产生了重要的影响。“时尚女王”不是白叫的，而是实至名归。然而，从法式别墅回到巴黎之后，她遇到了一个强劲的对手——艾尔莎·夏帕瑞丽。

在过去几年，夏帕瑞丽迅速崛起，成了巴黎时装界的新锐，逐渐对香奈儿的女王地位构成挑战。

夏帕瑞丽是意大利贵族，在服装设计方面很有天分。她是从毛衣和短裙设计开始的，慢慢地有了名气。1935 年，她的服装设计作品登上了英国《时尚》杂志封面，在时尚界引起了巨大的轰动。同年，她在巴黎芳登广场 21 号创立了夏帕瑞丽时装屋。

香奈儿（右）与夏帕瑞丽（左）

夏帕瑞丽的设计风格与香奈儿的低调简洁不同，充满了艳丽的色彩，极具生命的张力。粉红色是她的最爱，她设计了许多这种颜色的衣服。与香奈儿一样，夏帕瑞丽周围也拥有一批艺术家。她鼓励这些艺术家大胆创新，尝试各种不同的设计。在她看来，衣服越不寻常越好。她设计了许多奇装异服，让她的独特性得到了充分的发挥。以前，奇装异服只是用作演出，很少有人在日常生活中穿。在夏帕瑞丽的引导下，人们不再把“良好品位”作为唯一的着装标准。特别是年轻人，更容易被奇装异服所诱惑。

香奈儿不为所动，坚持自己的服装设计风格和理念。她宣称，新奇的不一定代表时尚和潮流，只有立足传统，再借助对时代和前卫艺术的理解，才能真正创造出让顾客喜欢的时尚作品。

1936 年到 1937 年，香奈儿与夏帕瑞丽的竞争到了白热化的程度。相对于夏帕瑞丽的大胆前卫，香奈儿似乎“老旧了”。夏帕瑞丽的设计作品不断地登上各种时尚杂志的封面，人们到处谈论她的服装。大批顾客涌向了夏帕瑞丽。这大有“长江后浪推前浪，前浪死在沙滩上”的架势。

面对这种良好的局面，夏帕瑞丽霸气地说：“香奈儿可以回家养老了。”

香奈儿没有在嘴上做出反击，而是采取了实际行动。她亲自设计了一个系列的服装，并如期发布。大批贵妇、明星、模特汇聚香奈儿的新品发布会，香奈儿的客源受到了影响，但高端客户非常稳定，并没有流失。

两个天才服装设计师谁也不服谁，香奈儿称夏帕瑞丽为“那个意大利女人”“会做衣服的画家”。不管怎样，她们的竞争推动了时装的发展。

遭遇最大的罢工风潮

在与夏帕瑞丽竞争的过程中，香奈儿的服装帝国遭遇了罢工的冲击。香奈儿一直不太关心政治，只对服装设计感兴趣，只在意自己的生意怎么样，但是，生活在社会之中，谁又能够逃脱政治的影响呢？

1936 年 4 月 26 日—5 月 3 日法国举行国会选举，左翼组织“人民阵线”在议会选举中获胜。1936 年 6 月 4 日，“人民阵线”的领导人莱昂·勃鲁姆组织成立政府。勃鲁姆开始执政前后，正是法国新的罢工浪潮高涨的时候。刚开始，只是飞机和汽车工厂的工人罢工，接着是纺织工人，最后导致了法国有史以来最大的一次罢工。5—6 月间共有 200 万工人举行罢工。工人提出了自己的利益诉求，包括提高工资、签订集体合同、改善工作条件、实行每周 40 小时工作制和假日照发工资等。最后，在罢工的巨大压力下，勃鲁姆政府和企业主做出妥协，接受了工人的要求。

香奈儿的员工也加入了罢工的浪潮。她被员工阻挡，无法去康朋街上班。她打电话叫来了律师，希望他能够给自己出一个主意。律师告诉她，这种事情不能太激动，要能沉得住气，并劝她与工人见面，安抚工人的情绪，但没有成功。无奈之下，香奈儿只有静等事态发展变化。最后，新上任的总理出面与工人代表谈判，签订了一份协议。在这份协议中，工人获得了提高工资、建立工会、一周工作 42 小时、一年两周带薪休假等权利。

协议签订以后，罢工持续了几天才结束。香奈儿异常恼怒，并打算立刻裁员。公司总经理和财务总监劝阻了她。他们告诉香奈儿，如果进行裁员，一定会引起连锁反应，造成严重的后果。思虑再三之后，香奈儿最终作罢。

多年以后，提起这次罢工，香奈儿还是耿耿于怀。她很想不通：她为员工提供了工作，为什么员工要罢工？员工应该感激她才对。

相对于其他公司，香奈儿员工的福利还算不错。虽然香奈儿对待员工很严厉，对员工要求很高，但她也很慷慨，经常尽最大可能提高员工的福利，而且这些福利远远超出了法定的福利。所以香奈儿非常生气，她觉得员工背叛了自己。

罢工风潮过去之后，香奈儿与夏帕瑞丽的竞争继续进行。

夏帕瑞丽推出融合画作和刺绣的裙子，而香奈儿则推出以西班牙襞襟为灵感的古典风格礼服；夏帕瑞丽设计出紧身的鱼尾裙，而香奈儿则设计出俏丽的吉卜赛裙……

两个优秀时装设计师的争斗，让时装界显得更具活力，让人们购买服装时有了更多的选择，也留下了让人津津乐道的传奇。

PART 4

人生低谷：

香奈儿最失意的十五年

（1939—1953）

战争会给人带来巨大的灾难，能够完全改变一个人的人生轨迹。香奈儿就是如此。“二战”开始后，她被迫关闭店铺，逃难，与德国人交往。“二战”后，她被当作叛国者、卖国贼、德国间谍，遭遇逮捕。最终她化险为夷，退出时尚界，隐居瑞士。

第十章

“二战”中的无奈与彷徨

失败固然痛苦，保持现状，却更加悲哀。

——可可·香奈儿

“二战”开始，关闭店铺

在“二战”的前几年，已经50多岁的香奈儿一直在努力地经营自己的生意，同时不断地社交，参加聚会，度假旅游，谈恋爱。

服装和珠宝生意虽然受到了极大的挑战，但总体上影响不大，依然在平稳地发展。香水生意非常好，虽然她已经不是董事长，失去了公司的经营控制权，但她还是重要股东，拥有10%的股份，5号香水的大卖让她获利甚丰。

1939年2月，西班牙共和政府人员流亡，马德里被法西斯分子控制；3月，德国进攻捷克斯洛伐克；4月，意大利进攻阿尔巴尼亚。大战的氛围越来越浓，一触即发。法国联合政府领导人爱德华·达拉第启动紧急预案，并号召全民动员。此时，香奈儿正在法式别墅。她急忙回到了巴黎，着手安排各种事宜，以应对战争的到来。她经历过第一次世界大战，对战争的可怕有深刻的体会。在战争中，活下去才是最重要的。

1939 年 9 月 1 日，随着德国的战车轰隆隆地开进波兰，第二次世界大战正式拉开帷幕。

香奈儿关闭了自己的公司，只保留了康朋街 31 号的店，主要售卖香水。这样做的目的是避免巴黎被德军占领后她的店被征用。她解雇了大部分员工，只留下了一些骨干。这引起了员工的愤怒，员工认为她在报复 1936 年的罢工。工会和巴黎市政府的人员先后找到香奈儿，希望她不要关闭公司和解雇员工，但香奈儿不为所动。香奈儿有预感，传统的高级时装会随着战争而消失，战后她应该转行。“我觉得我们已经到了时代的尽头。”她伤感地说。确实，她的直觉很准确，“二战”结束后传统高级时装的时代也结束了。

除了外甥安德烈、小姑阿德里安娜和两个弟弟，香奈儿与大部分亲人断绝了联系，一个是战争的原因，另一个也是她不想与他们联系，童年的伤痛一直影响着她。她给弟弟吕西安和阿方斯写信说：“环境变得越来越糟糕，我削减了大部分业务，极力压缩开销……再也不能像以前那样资助你们了，你们需要自己想办法。”此前，香奈儿给弟弟购买了房屋，并定期给他们寄钱。从此以后，香奈儿再也没有见到两个弟弟。

外甥安德烈应征入伍，奔赴前线。香奈儿非常担心，战争会随时要人的性命，而且安德烈的身体也不好。她无力改变这一切，只能听天由命了。

香奈儿曾经居住的丽兹酒店

香奈儿把卧室安置在了丽兹酒店。卧室里很简洁,只有一张床、床头的两个雕像、梳妆台和此前恋人的纪念品,包括亚瑟的手表(亚瑟的姐姐贝莎送的)、斯特拉文斯基送的俄国硬币。

很多富人关闭了公司,把孩子送到乡下,把珍贵的珠宝字画藏起来,把宠物狗送走,然后打点行李,搬进了丽兹酒店。还有政客、贵族,也住进了丽兹酒店。他们都把这里当成了避难所。

1939 年冬天,战火并没有烧到巴黎,人们慢慢地松懈下来。大街上也能看见闲逛的人了,一些店铺开始营业,包括剧院和影院。然而,这一切都只是暂时的。

1940 年 2 月,德军占领了丹麦和挪威,并开始轰炸法国的北部。香奈儿不得不经常随着人流躲进酒店的防空洞,而且还需要戴防毒面罩。5 月,德军继续推进,占领荷兰和比利时,并进入法国。英国首相张伯伦辞职,丘吉尔接任。在此期间,发生了著名的敦刻尔克大撤退。6 月 4 日，德军逼近巴黎，并不断用大炮轰击郊区。

眼看着巴黎不保，香奈儿和众人不得不准备撤离。

恓惶的逃难之路

德军进入巴黎之前，香奈儿逃了出来。她的司机被征召入伍了，只得重新雇用一个。她打算开着自己的劳斯莱斯逃离，但新司机告诉她这不是一个好主意，最好重新找一辆普通的车。最后，新司机开着自己的车带着香奈儿走上了逃亡之路。在逃走之前，香奈儿把自己的物品打包，然后写上自己的名字寄存在了丽兹酒店，并预付了两个月的房租。与她一起出逃的还有几个女人，都是她最亲近的雇员，有的从她开始创业就一直跟着她。

经过艰苦的长途跋涉，香奈儿一行来到了波城。波城位于法国西南部的比利牛斯山区，西班牙边境，距离巴黎有 850 公里。安德烈在波城有一座城堡，他的家人都在这里。这座城堡是香奈儿为她这个外甥购买的住所。安德烈的女儿小加布里埃尔只有 13 岁，她描述了见到姑婆时的情景："她和女仆一起乘车来了……为了安顿她们，我费了很大一番功夫。可可姑婆还运过来了一个全金梳妆台，这是我的教父西敏公爵送给她的礼物（香奈儿很喜欢这个小孙女，让西敏公爵做了她的教父）。”小加布里埃尔说，随后又陆续到了一些人，都是香奈儿的员工。她们非常沮丧，有些人的年龄很大了，无法再继续工作，她们听说香奈儿在这里，于是就过来了。

1940 年 6 月 14 日，德军占领了巴黎，扶持傀儡贝当元帅就任法国总理。随后，希特勒在随从的陪同下视察了巴黎。他在拿破仑的墓前站了很久。

1940 年 6 月 17 日，法国宣布投降。当时，香奈儿正与大家围坐在一起听收音机，听到这个消息她失声痛哭。她把自己关在房子里好几个小时都没有出来。6 月 22 日，法国与德国签订停火协议。为了羞辱法国，德国把签订仪式的地址选在了一战后德国签订战败协议的地方——贡比涅森林。同时，以戴高乐将军为首的反抗也如火如荼地展开，虽然力量有限，但显示了法国不屈的精神，以及与德国纳粹斗争到底的决心。

在波城的城堡里待了一段时间之后，香奈儿就有些着急，想回到巴黎。局势已经稳定，虽然在德国军队的统治之下，但不会再像战斗发生时会随时丢掉性命。香奈儿与一个名叫玛丽的女人一起上路。玛丽是香奈儿在艾提安・巴勒松的化装舞会上认识的，她也是为了躲避战乱而来到波城。她们制定了回巴黎的路线，途经图卢兹、维希，最后到达巴黎。出发前，香奈儿给身在图卢兹的好友毕加索发了一封电报，让他想办法找一个住宿的地方。

到图卢兹之后，阿佩尔·费诺萨联系了几个朋友一起陪香奈儿。费诺萨是一位被流放的西班牙雕塑家，在他 1938 年落难的时候毕加索帮助了他。后来，他认识了香奈儿，很快被迷住了。香奈儿也非常欣赏他的才华，让他为自己做雕塑作品。不久，他们开始谈恋爱了。不过，他们的恋情持续的时间不长，大概只有一年左右。最后，费诺萨离开了香奈儿，由情人变成了朋友。

在费诺萨联系的朋友里面有一个人从巴黎而来，带来了巴黎的确切消息——巴黎在德军控制之下，治安情况还可以，没有出现混乱。得到消息之后，香奈儿决定马上启程，返回巴黎。

维希成了香奈儿返回巴黎的第二站。贝当在德国的扶持下建立了“维希政权”，首府就在维希。德军虽然没有侵占这里，但这个政权完全在德国控制之下，是一个傀儡政权。贝当代表德国统治了这里包括法国南部 5 年，由一个英雄变成了可耻的“法奸”。“二战”结束后，贝当被判处了死刑。

许多人都滞留在了维希，香奈儿也一样。一是汽油非常匮乏，拿着钱到处找不到汽油。汽油是非常重要的战略物资，当局控制很严。香奈儿只弄到了 45 升左右的汽油，到维希的时候已经用完。她不得不停留在维希找汽油。二是从法国南部去北部及巴黎地区，必须要有通行证，而通行证就要在维希办理。想要拿到通行证并不容易，所以许多人被迫滞留在了维希。

在维希的一家餐厅吃饭的时候，香奈儿看到了让她非常生气的一幕：许多人在欢声笑语，大肆庆祝，一边笑着一边喝着香槟。国家被占领，被奴役，而国民却不以为耻，反而兴高采烈地祝贺，这真的让香奈儿无法忍受。她对这种情况进行了讽刺，结果引来了一个男人的不满，差点打了起来。

到了晚上，睡觉成了问题。酒店的房间早已被住满，根本没有多余的房子。最后玛丽在库房的长条椅上凑合了一夜，而香奈儿则住在楼顶的阁楼里。阁楼里非常闷热，几乎让人透不过气来，香奈儿就在这样的环境下熬到了天亮。

第二天，通过关系、花了不少钱才好不容易找到了汽油，弄到了通行证，香奈儿她们开始向巴黎进发。然而，前面的道路被封锁了，无法通行，她们只好走小路。结果小路更难走，大家遇到的情况一样，想法也一样，都涌向了小路。小路本来就很窄，再加上众多的人和车辆，拥挤不堪。费了不少周折，香奈儿她们到达了一家森林温泉旅馆。这次她们运气不错，找到了带洗浴的房间。香奈儿说：“当我走出浴缸，水变成了黑色。”

傍晚，香奈儿出去散步时碰到了一个小男孩。战争时期的孩子和女人是最悲惨的。这个小男孩说他很饿，但没有钱购买食物。香奈儿给了他一些钱，他高兴地跑向妈妈——一个手里牵着一个孩子、肚子里怀着一个孩子的女人。母子几个很兴奋，他们终于有饭吃了。看到这种情况，香奈儿充满了同情和悲痛。

香奈儿她们终于到达巴黎了，但看到的是“没有尊严，脏乱不堪”的巴黎。到处能够看到德国纳粹的十字记号、国旗，以及宣传画报。画报上写的意思非常明显，犹太人和英国人只能带给法国人痛苦，而德国人则会带给法国人幸福。

一切在德国人的掌控之下，丽兹酒店成了德国军官的住所。香奈儿去找酒店经理，希望能够要回自己的房子。酒店经理并没有见她，而是让助理告诉她，她必须先去找德军司令部。

香奈儿没有退缩，而是真的找到了德军司令部。几经协商之后，香奈儿住进了丽兹酒店，但只是得到了靠近康朋街一边的一个小房间，而且位于顶层，她原来的套房仍然被德国人占着。

隐居丽兹酒店

住进丽兹酒店之后，香奈儿最主要的问题是生存下去。法国艺术家面临严峻的考验，他们被迫与德军“合作”，如果不“合作”就无法从事自己的工作。当时，几乎所有的活动，包括戏剧和电影的演出、书籍的出版、展览会和音乐会的举办都需要许可证，而要想拿到许可证，必须经过德军严格的审查。在这种恶劣的环境下，有勇气对抗德军的艺术家寥寥无几，他们需要工作，需要生存。许多法国人已经筋疲力尽，只有停尸房里完整地保存着民族的骄傲和自信。

香奈儿的境况似乎更糟。由于战前解雇员工，她被那些人送上了工业法庭。那些员工很愤怒，香奈儿解雇他们既没有提前通知，也没有给予应有的补偿金。对于德军来说，他们乐意看到法国人内斗，这有利于他们的统治，能够减轻他们的压力。香奈儿以“情况紧急”的借口为自己辩护。最终，香奈儿并没有受到严厉的处罚，但工人应得的补偿金她必须支付。

香奈儿还有一件麻烦事——解救外甥安德烈。安德烈上战场不久就成了德军的俘虏，被关进了集中营。1940 年 9 月，德国人开始释放停战协议之前逮捕的囚犯，但是很不幸，安德烈并没有出现在被释放的名单上。香奈儿非常着急，安德烈的身体不好，一直待在集中营里，随时都有丧命的危险，她必须想办法把他救出来。

香奈儿找了很多关系，但这些人都无能为力。后来，一个贵族朋友告诉她，也许有一个德国人能有办法。这个德国人叫冯·丁克拉格，是个纯种的雅利安人。希特勒认为，雅利安人是最优等的人种，而犹太人是毒瘤般的种族，所以极力推崇雅利安人，而大肆屠杀犹太人。随后，这位贵族朋友就介绍香奈儿认识了丁克拉格。丁克拉格具有种族优势，香奈儿把救出安德烈的希望寄托在了他的身上。

丁克拉格告诉香奈儿，要想救出安德烈还需要找一个人——骑兵上尉特奥多尔·毛姆。毛姆的家族从事纺织生意，而他本人则负责转化资源，扩充军需。香奈儿与他们商定了一个营救计划：毛姆在法国北部开了一个小型纺织厂，然后他把纺织厂转到了香奈儿名下，并告诉自己的上司说这个纺织厂很重要，提供了大量的军需物品，而这个纺织厂需要一个安全可靠的经营者，香奈儿的外甥安德烈是最理想的人选。同时，香奈儿为疏通关系付出了一大笔钱。最终，安德烈被释放了。香奈儿安排他去了瑞士休养。

虽然环境恶劣，香奈儿的生意还得继续做。她的康朋街 31 号店一直开着，售卖香水。时装店再也没有开。许多德国士兵排队购买香奈儿香水，然后寄给国内的爱人。

香奈儿的许多同行逃出了巴黎，有的去了伦敦，有的去了美国。而留在巴黎的服装设计师在局势稳定之后，也开始举办时装秀，参加的人包括法国有钱的女人、德国使馆和军官的夫人和情人。德国军方高层曾经想把巴黎整个时装行业搬到维也纳和柏林，让德国成为世界时尚的新中心，后来在巴黎时装协会主席的劝说下他们才打消了这个念头。

香奈儿的生活还算平静。她会经常出席朋友举办的各种活动，以示对他们的支持。同时，她尽量保持低调，隐居在丽兹饭店。她的好朋友经常来看她，包括米西亚、塞特夫妇，柯莱特等。米西亚的身体状况很不好，已经快 70 岁的她严重依赖吗啡。后来，她的眼睛出现问题，几乎完全失明，要靠别人照顾才能生活。

“纳粹间谍”疑案

为了救出外甥安德烈，香奈儿认识了冯·丁克拉格。多次接触之后，香奈儿发现这个德国男人很有魅力，慢慢地两个人产生了恋情。

丁克拉格的身份背景比较复杂，有人说他是纯粹的外交官，而有人则说他是德国间谍，总之没有确切的信息。不过，他的前期经历还是很明确的。

1896 年，丁克拉格出生于德国，母亲是一位英国人，父亲是丁克拉格伯爵。他的家族在他父亲的手里已经开始败落，但还有一定的影响力。

1913 年，丁克拉格参加了父亲的骑兵团，成了一位军人。第一次世界大战中，他晋升为中尉，后来就退役了，开始做生意。1924 年，丁克拉格投资了一家纺织厂，赚了不少钱。1929 年，美国大萧条爆发以后，丁克拉格从纺织厂撤了资。后来，他在法国的一家收银机公司工作，并经常回到德国。也就在这个时候，传出了他是间谍的消息，说他的公司职员身份只是掩护，其实他在为德国政府工作。

1933年，丁克拉格被任命为德国驻法国巴黎大使馆的文化专员。这引起了法国军事情报机构的警觉，于是他们开始秘密调查丁克拉格的情况。1934年，丁克拉格辞去了大使馆的工作，开始到处旅行。至于辞职原因，据他说是因为自己的妻子是犹太人，大使馆赶他走，他不得不离开。

后来，丁克拉格的间谍身份被曝光了。原来是他为德国政府搜集的资料被偷了，然后被公布了出来。丁克拉格从巴黎消失了几个月后又出现了，在此期间，他与妻子离了婚。但是，为了掩护自己的身份，他让妻子不要公布离婚的消息。随着第二次世界大战爆发，他被赶出法国。

德军占领巴黎之后，丁克拉格就回来了，并在德军军事部门任职。

认识香奈儿之后，丁克拉格被吸引了，而且香奈儿对他也很欣赏，于是两个人便在一起了。香奈儿比丁克拉格大13岁，已经58岁了，但魅力依旧，风韵犹存。他们经常在丽兹饭店、香奈儿的法式别墅里幽会。

香奈儿也知道丁克拉格的身份比较敏感，所以尽量低调，不让别人看见他们在一起。而且，除了丁克拉格，香奈儿很少与其他德国人接触。即使如此，还是有人对香奈儿产生了怀疑，认为她也是德国间谍，帮助德国人做事。

1942年夏天，香奈儿被抵抗运动人员（他们属于地下秘密组织，一直在对抗德国人）绑架了。两名抵抗运动士兵偷偷地潜入丽兹酒店，把她带离了酒店。至于这两个人是如何进出到处是德国人的丽兹酒店的，没有人知道，是一个谜。香奈儿被蒙着眼睛严格审问。审问的内容是她与丁克拉格的关系，然后她被严重警告，不要忘了自己的身份，要记住自己是一个法国人，而且是一个非常重要的法国人，否则就会被毁容或者处死。抵抗运动人员并没有伤害香奈儿，最后把她秘密地送回了丽兹酒店。

抵抗运动人员知道香奈儿并没有叛国，她只是与丁克拉格的关系很密切，为了防止她进一步下滑，所以才采取了这样的行动。

其实，香奈儿一直是抵抗运动人员的“保护伞”，只是她自己不知道罢了。或许是她知道，却假装不知道，睁一只眼闭一只眼。抵抗组织一直把香奈儿法式别墅的地下室作为藏匿和接头的地点，还把她的别墅花园作为犹太人逃亡的补给站。

还有一次，抵抗组织成员、香奈儿别墅的建筑师罗伯特·斯特莱茨向香奈儿求援，希望她能够营救被德国纳粹抓走的一个心理学教授，香奈儿毫不犹豫地答应了，并积极行动。

但是，从明面上来看，香奈儿与丁克拉格关系密切，难逃德国间谍的嫌疑。

还有一点让人们对香奈儿产生怀疑。德军占领巴黎期间，香奈儿一直拥有一辆车。要知道，当时对于法国人来说，汽车和汽油是多么珍贵和奢侈，而香奈儿却拥有，这难免让人猜疑。如果不是德国人允许，香奈儿怎能拥有这些?

香奈儿是否通敌卖国始终是一个谜，没有人能够说得清楚，既没有确切的证据，又传得沸沸扬扬。

德国与丘吉尔的“和谈使者”

1943年，香奈儿做了一件让人震惊的事，试图为结束战争贡献一分力量，促进英国首相丘吉尔与德国军官和谈。香奈儿的这种想法很可能来自丁克拉格的建议，当然，与丘吉尔和西敏公爵的关系也给了她很大的自信。1936年12月，丘吉尔与他的儿子伦道夫来到法国，香奈儿接待了他们，并陪他们在丽兹酒店吃饭。

当时，德国军队已经失去了战争开始时势如破竹的锋锐，而盟军也无力组织大规模的反击，战争陷入胶着状态。双方的消耗都很大，但谁也奈何不了谁。这种情况下，很多人认为结束战争的最好方法就是和谈。人们都厌倦了战争，希望战争早日结束。

香奈儿先是联系了毛姆上尉，也就是救他外甥安德烈的那个德国人。香奈儿告诉毛姆，自己打算作为信使，为丘吉尔和德国牵线，促使他们和谈，从而结束战争。毛姆惊呆了，觉得这个想法太疯狂了，实现的可能性很小，而且充满致命的风险，极有可能惹火烧身，万劫不复。但是，香奈儿的决心很大，最后说服了毛姆。于是，毛姆带着香奈儿的“和平提议”去了柏林。

刚开始，德国人并没有搭理香奈儿的提议，在他们看来，一个没有任何政治和外交经验的女服装设计师能有多大能量，简直是自不量力。后来，德国国外情报头目瓦尔特·施伦堡对这个提议有了兴趣。施伦堡 1933 年加入纳粹党和党卫队并进入纳粹情报机构党卫队保安处，在纳粹情报机关工作长达 12 年，是最年轻也是晋升最快的纳粹高层骨干成员，深得纳粹主要首脑希姆莱的信任。施伦堡对德国的未来有清醒的认识，他希望与英法美等西方国家媾和，然后一起对付苏联。香奈儿的提议正中下怀，他决定尝试一下。当然，这个行为非常危险，如果被发现就会被处决。希特勒领导下的德国只有一个目标，那就是取得战争胜利，征服整个欧洲，任何与敌对国的私下联系都会被看作是卖国。但施伦堡的胆子很大，而且有希莱姆的支持，他开始偷偷地行动了，并称其为“时尚帽计划”。

施伦堡给了香奈儿明确的指示：立即联系丘吉尔，并想办法会面。香奈儿也提出了条件，要完成这件事，她需要一个帮手，而这个帮手就是维拉。正是因为维拉的介绍，香奈儿才认识了西敏公爵，然后认识了丘吉尔，维拉与丘吉尔的关系很熟。当时，维拉被关在意大利的监狱里。1929 年，维拉与一个意大利军官结婚，随后跟随丈夫定居意大利。由于维拉经常造访英国大使馆，并给丘吉尔写信，所以意大利情报机构怀疑她是英国间谍。1943 年，维拉被逮捕关进了意大利的监狱。为了协助香奈儿完成和谈的计划，施伦堡出面让人把维拉释放了。

对于在意大利发生的事情，香奈儿与维拉后来的说法不尽相同。维拉说香奈儿派了一个德国军官去意大利转交了一封信给她，希望她一起完成和谈的任务，但被她拒绝，随后她被抓进了监狱。香奈儿则说，维拉被关进监狱与她没有任何关系，她插手这件事只是为了营救维拉。

不管怎样，香奈儿与维拉一起来到了西班牙的首都马德里。她们打听到丘吉尔访问西班牙，正在马德里。香奈儿拜访了英国大使，说明了自己的来意和计划。然而，大使告诉香奈儿，丘吉尔由于身体不适，已经提前结束访问，离开西班牙了。就在香奈儿拜访英国大使的时候，维拉在另一个地方说香奈儿是德国间谍。虽然英国人没有完全相信维拉的话，但香奈儿促成和谈的计划蒙上了阴影，最终不了了之。

香奈儿回到了巴黎，而维拉回意大利与丈夫团聚的请求被拒绝了。于是香奈儿给丘吉尔写信，希望丘吉尔帮助维拉。她说只要丘吉尔愿意出手帮助，维拉的问题会迎刃而解。几个月之后，维拉被放行。

经过这件事，香奈儿与维拉的关系彻底恶化了。

差一点被“清洗”

1944 年 6 月 6 日，诺曼底登陆战役开始了。以英美两国军队为主力的盟军先头部队总计 17.6 万人，从英国横跨英吉利海峡，抢滩登陆法国的诺曼底，成功拿下了犹他、奥马哈、金滩、朱诺和剑滩五处海滩；此后，百万盟国大军如潮水般涌入法国，势如破竹，成功开辟了欧洲大陆的第二战场。

诺曼底登陆成功后，德国人的形势非常不妙。6 月 26 日，戴高乐将军建立法国新政府，而贝当的维希政权还在垂死挣扎，宣称发生在法国的战争不会影响到他们。

盟军逐渐逼近巴黎，德国军队已经开始零零散散地撤退。这时，丁克拉格也打算逃走。他希望香奈儿与自己一起走，但被香奈儿拒绝了。虽然知道留下来会有很大的危险，但她无所畏惧，决心坦然面对一切。

1944 年 8 月，戴高乐将军领导的自由法国军抢先控制了巴黎。在他们看来，由法国军队解放巴黎比盟军解放巴黎更有意义。当时，希特勒传下命令："巴黎即使毁掉，也不要落入敌人手中。"结果，执行者并没有对巴黎下手。

巴黎人民一片欢呼，德军终于被赶走，4 年多没有尊严的痛苦生活终于结束了。与之形成鲜明对比的是那些与德国人合作的法国人，他们开始惶恐不安。无论是为了利益和权势，还是为了生存和解救亲人，他们都与德国纳粹有过交往，与他们合作过。等待他们的将是残酷的清算——遭受羞辱，被投进监狱，甚至是处死。

那些与德国人有来往、为德国人服务的女人被剃光了头，剥去内衣，押着游街。有的女人身上还被涂满沥青，被迫下跪，甚至遭到毒打。然而，香奈儿并没有遭遇这些，她被传讯后，又很快被放了。人们猜测有人干预了这件事，而这个人最有可能是丘吉尔。据说英国军队到达巴黎之后，有军官奉命保护香奈儿。他们刚开始没有找到香奈儿，丽兹酒店里没有，康朋街也没有，员工也不知道她去了哪里。最后，他们在巴黎郊区的一个普通的酒店里找到了香奈儿。香奈儿非常低调，她极力隐藏自己，不让人们知道自己的身份。

有一个英国记者说，香奈儿在巴黎解放之时得到了美国人的保护才得以喘息，寻找救援。当时，香奈儿在店面橱窗里贴出告示说美国士兵可以免费领取香水，于是美国士兵在康朋街 31 号排起了长队。如果这时法国警察抓香奈儿，必然会引起很大的麻烦。

香奈儿的女仆也为香奈儿辩护，她说香奈儿没有与德国人合作，巴黎被德国人占领后，许多德国军官的夫人想让香奈儿为她们设计制作衣服，但都被香奈儿以自己已经退休为由拒绝了。香奈儿一直没有再从事服装业务，而她的对手和同行却一直在营业。而且，香奈儿在战争初期还为法国军队提供过资金方面的支持。

总之，香奈儿躲过了劫难，并没有被“清洗”。她的许多朋友都没有她那么幸运。阿莱蒂（法国演员）做了一个德国军官的情妇，并且还说过一句很有名的话：“我的心属于法国，但我的屁股属于全世界。”结果她被投进了监狱 4 个月，后来被软禁了 18 年，更为可怕的是有流言说她被割了乳房。当然，这只是一个传闻，实际上她只是被剃了光头。但在当时，这样的传闻让人心惊胆战。

还有毕加索，也被法国情报处盯上了。在德军占领巴黎之前，许多艺术家提前逃生了，而毕加索选择了留下来。德军来了之后，毕加索受到了欢迎，不少德国军官光临他的工作室，而且他还拥有一些特权。这难免会让人们相信他选择了与德国人合作。但是，毕加索最后并没有受到惩罚。后来，有几封信揭开了谜底，原来毕加索一直暗中支持法国抵抗组织。

英国一位名叫彼得·雷德的教授找到了几份关于毕加索的书信。这些书信透露，纳粹占领巴黎之后，毕加索曾积极、勇敢地支持超现实主义诗人罗伯特·德斯诺斯等抵抗分子。而且，毕加索时常受到朋友和其他艺术家的委托从事反抗纳粹的活动。对于毕加索在“二战”期间的表现，雷德教授这样评价：“在许多人看来，‘二战’期间毕加索表现得非常谨慎，事实上，他一直待在巴黎，表现得非常勇敢。在抵抗法西斯方面，他表现得并不明显，但他的朋友们全是反法西斯人士，他常常给他们艺术品，让他们拿去卖钱，或者为他们提供工作，帮他们解决生计。”

香奈儿本来能够平安地待在巴黎，但后来有一件事导致她不得不离开法国避难。这件事还是与丁克拉格有关。香奈儿通过一个朋友打听到丁克拉格被关在了汉堡的战俘营里，于是她给那个朋友一笔钱，希望他把丁克拉格救出来。那个朋友拿到钱后确实把丁克拉格救了出来，但后来那个朋友和丁克拉格一起被抓住了。1946 年冬天，得到丁克拉格再次被抓的消息后，为了预防不测，香奈儿很快离开了法国，去了中立国瑞士的洛桑。

第十一章

隐居瑞士，空虚的流放

在你二十岁时拥有一张大自然给你的脸庞，三十岁时生命与岁月会塑造你的面貌，五十岁时你会得到一张你应得的脸。

——可可·香奈儿

“让我唯一恐惧的东西就是无聊”

到瑞士的时候,香奈儿已经63岁了,一个标准的老人。按理说,这个年龄的人应该好好养老,心平气和,安度晚年,而香奈儿不行。她是一个精力旺盛,事业心很强的人。

以前在巴黎,她有工作,整天很忙碌,要为新品上市做准备,与模特讨论怎样才能让服装的魅力充分发挥出来,与工匠商量饰品如何设计、款式如何确定。稍有空闲,她也要去参加聚会,或者到别墅度假。即使在德军占领巴黎期间,她也能去康朋街转转,看看香水的销售情况,从而找到一些安慰。然而,在瑞士她失去了自己的工作和事业,失去了忙碌的资格,失去了最后仅存的一丝安慰,剩下的只有无尽的空虚和无聊。她对人说:“让我唯一恐惧的东西就是无聊。”

在瑞士,香奈儿住进了洛桑的一家富丽堂皇的大酒店,为了排遣空虚和无聊，她又换了一家酒店，没多久又换了回来。从搬迁住所就能看出，香奈儿处于极度的无聊和焦躁中。她什么也干不了，除了闲待着。她是多么希望重操旧业，发挥自己的创造力。她确实具有无与伦比的创造力，创造了许多经典的划时代的服装。这是她骄傲的资本，同时又反衬出她无事可做的痛苦。

香奈儿交了一些朋友，这有利于缓解她的无聊。其中有一个叫玛格丽特·娜莫塔拉（简称玛吉）的女人和香奈儿的关系最好。玛格丽特是一个埃及人，拥有白皙的脸庞和深绿色的眼睛，非常漂亮迷人，而且她的性格很开朗，活泼好动，非常幽默。玛格丽特的气息感染了香奈儿，让 60 多岁的她获得了安慰，日子不再过得那么无聊和孤寂。有的时候，以前的老朋友也会来看香奈儿，与她聊天，共同消磨时光。

时间在慢慢而无情地流失，香奈儿很不甘心。虽然她没有让服装公司再开起来，但这不妨碍她对时尚的关注。1947 年 2 月 12 日，克里斯汀·迪奥推出“新风貌”时装系列,香奈儿观看了这个服装秀。迪奥 1905 年出生于法国的格兰维尔，年轻的时候攻读政治学，后来学绘画和设计，1941 年成为服装设计师，最后创立迪奥品牌。

迪奥的服装秀在巴黎的蒙田大道举行。当天，沙龙里面坐满了人，大家都充满期待。当模特们出现之后，观众被惊呆了。那些模特并没有像传统表演那样优雅而舒缓，而是充满活力，摇摆着走路，不停地旋转，把百褶裙的魅力展露无遗。人们纷纷站起来，兴奋地观看，并称赞说不愧是“新风貌”。

最终，迪奥的时装秀取得了很好的效果，服装销量大增。“新风貌”系列为巴黎的时装界注入了新的活力，让人们的目光不再只专注于纽约。

对于迪奥设计的“新风貌”系列，香奈儿很不喜欢。在香奈儿看来，迪奥设计的服装太过华丽，不符合“二战”后萧条的现实。另外，迪奥的设计让紧身胸衣流行起来，要知道，香奈儿以前正是用“宽松、舒适”打败“紧身、束缚”，现在又回到了从前。

迪奥的服装设计让香奈儿愤怒，香奈儿决定捍卫自己“时尚女王”的地位，即使自己已经快 70 岁了，她仍然不服老，为重新出山而做准备。

料理米西亚的后事

随着时间的推移，香奈儿的亲人朋友逐渐离世，留给她的是无尽的孤独和寂寞。

1942 年，迪米特里大公由于肺结核死于瑞士的一家疗养院；1945 年 11 月，塞特死于维希，当时他正在作画，就突然倒地再也没有起来；1948 年，维拉死于罗马；还有“二战”中去世的一个弟弟，以及战后不久去世的另一个弟弟。这些都让香奈儿感到生命的脆弱和无情。

香奈儿最好的朋友米西亚也走到了生命的尽头。一直没有戒掉的毒瘾，让米西亚的身体状况越来越差，还有双目失明更是雪上加霜，而塞特的去世更在精神上严重地打击了她。虽然塞特爱上了其他女人与她离婚了，但她仍然深爱着塞特。塞特死后，她说：“他死了，我也没有活下去的理由了。”

身体和精神上的双重打击，再加上年龄越来越大，让米西亚对吗啡更加依赖。慢慢地，她已经到了无所顾忌和失控的程度。在晚宴上与别人聊天或者在市场上闲逛的时候，她会当众注射吗啡。

香奈儿曾经多次劝说米西亚注意控制吗啡的使用剂量，可是米西亚根本听不进去。因为使用吗啡的问题，米西亚曾经被警察抓了起来，后来在朋友的周旋下被放了，但她仍然我行我素。米西亚完全成为吗啡的奴隶，被牢牢地控制了。

1950 年 10 月 15 日，米西亚死了。此前没多久她还从巴黎去瑞士看望了香奈儿，并秘密收集了一些吗啡。

在米西亚快要死去的前几天香奈儿就来到了巴黎，一直陪着米西亚。在米西亚死去的那天晚上，香奈儿似乎已经有了预感，她一刻也没有离开米西亚的身边。

最好的朋友就这样走了，去了另外一个世界，再也无法见到。香奈儿平静地接受了好朋友永远离开自己的事实。也许她的内心已经麻木了，对亲人朋友的离世感觉不到太多的伤痛。米西亚去世的时候 78 岁，而香奈儿也 67 岁了，她对生死已经看淡了——死亡对每个人来说都是最后的归宿，没有人能够逃脱。

香奈儿为米西亚整理了遗容，剪指甲、洗脸、梳头、化妆、戴首饰，一样一样做得很认真。她还给米西亚的胸前系了一条粉丝带，在遗体周围摆上白花，中间放了一朵白玫瑰。她要让米西亚漂漂亮亮地上路。

在葬礼上，有人隐约地嘲讽香奈儿为米西亚化的妆太浓了，从而让遗体看起来有些怪异和可笑。然而香奈儿不在乎，她只想让好友体面地离开人世，没有过多的想法。她甚至挑衅般地给自己涂上了很红的口红，倔强地挑战相机的镜头。她无愧于最好的朋友，不会为了假装悼念死者而表现得很伤心。

虽然香奈儿与米西亚经常说彼此的坏话，但这不影响她们一生的友谊。其实，好多闺密之间都是这种矛盾的关系——相互很要好，但往往会由于嫉妒、利益而在背后说对方不好的话。这很正常，只是女人之间的一些小心思，无关长久的友谊。

打赢香奈儿5号香水的维权战

在第二次世界大战的过程中，香奈儿想要趁机拿回香水控制权的打算落空以后，她并没有放弃，而在二战后又一次把韦特海默兄弟告上了法庭。

香奈儿的律师提出建议，最好庭外和解，不要真的闹上法庭。但香奈儿执意打官司，拒绝了律师的建议。

“二战”期间，韦特海默兄弟在美国建立了香水生产基地，把5号香水推向世界更广阔的市场。为此，他们投入了大量的资金，单就广告费已经高达百万美元。在当时，百万美元是一笔非常巨大的资金。韦特海默兄弟绝不希望香奈儿再从他们那里得到更多的好处，在他们看来，自己付出的最多，而香奈儿仅仅只是付出了一个名字。

在他们的官司将要开庭的前两个月,香奈儿来了一招釜底抽薪。她重新以香奈儿品牌制作了一款香水，当然，她认为自己是最正宗的香奈儿香水的代表。她为自己制作的香水做了广泛的宣传，邀请俄国最著名的香水品鉴师来确认她的香水很特别。

然后，香奈儿制作了100瓶这样的香水，并把它们作为礼物送给纽约最著名的百货商店。这家百货商店的老板是香奈儿的好朋友。

韦特海默兄弟坐不住了，他们怒气冲冲地说："她到底想干什么？"

韦特海默兄弟非常被动，他们为了让香奈儿5号香水成为世界著名品牌投入了巨额的资金。如果香奈儿真的再推出一个香奈儿5号香水与他们争抢市场，他们的损失就大了。而且，官司的结果也无法预料，输了会更麻烦。最终，韦特海默兄弟与香奈儿庭外和解了。

1947年5月，香奈儿与韦特海默兄弟重新签订了协议。这份协议规定：香奈儿每年将从全球所有香奈儿香水销售额中抽取2%的专利费。另外，香奈儿还获得了以前专利费的赔偿，这笔赔偿相当于当时韦特海默兄弟在美国、英国和法国销售香水的全部利润。香奈儿还拥有在世界上任何地方制作和销售香奈儿香水的权利，以及瑞士国内香水的垄断权。当然，香奈儿已经获得了巨额的财富，她的目的达到了，没有必要再去生产和销售香水。

从韦特海默兄弟能够答应如此苛刻的条件就可以看出，香奈儿香水的销量有多好，未来的潜力有多大。

从1924年到1947年，二十几年的利益纠葛终于了结了。香奈儿在这场维权战斗中大获全胜。

寻找人给自己写传记

香奈儿在瑞士闲暇无事之时，想让自己的传奇流传于世，便找人为自己写传记（回忆录）。其方式基本上都是她自己叙述，由别人记录。

香奈儿先后找了好几个人，第一个是保罗·莫朗。莫朗是香奈儿的老熟人，他们 1921 年就已经相识。当时，香奈儿组织了一场圣诞晚宴，米西亚邀请莫朗等人参加这个晚宴，莫朗的身份是作家。在宴会上，香奈儿讲述了自己与亚瑟·卡佩尔的爱情故事，莫朗非常感动，并以此为原型创作了他的首部小说。

莫朗在“二战”期间曾经在贝当的维希政府里担任职务，为这个德国人的傀儡政权服务，所以，战后他只能逃亡瑞士，避免被清算。在瑞士他遇到了香奈儿，香奈儿给他讲述了自己的一生，而这一讲就是三个晚上。

“1946 年的冬天，我在圣莫丽兹酒店和她重逢，一连几个晚上听她的这种语调。彼时她第一次失业，无所事事，自然难以自抑。她固执地逃亡到了瑞士的恩加丁，犹豫着是否重返康朋街，等待转运的时机。”莫朗在根据香奈儿口述而写成的传记《香奈儿的态度》中这样说。当时，莫朗并没有公开这份口述稿，而是在 30 年以后才整理出版。莫朗说：“……其中没有任何我的思想，它属于一个故人的亡魂。”

香奈儿不希望自己的传奇以简单、琐碎的谈话形式呈现，而是想找一个理想的人以正式、系统的方式为自己写传记，她对莫朗的讲述更多是拥有太多孤单和寂寞后的发泄。

后来，香奈儿选择诗人兼小说家路易斯·德·维尔莫兰为自己写传记。

维尔莫兰是文学界的名人，很有才华，而且非常有钱。她是著名的韦里埃城堡沙龙的女主人。1947 年，香奈儿和维尔莫兰在威尼斯商量写传记的事情。维尔莫兰答应了香奈儿的请求，但在写的过程中两个人发生了矛盾。维尔莫兰性子耿直，不愿屈服于任何人。她对香奈儿粉饰和隐瞒自己早年的生活经历很恼火，而香奈儿对她的不配合也很不满。最后，两个人不欢而散。

香奈儿很执着，没有放弃找人写传记的想法。她随后找了几个人，都没有成功，直到遇见米歇尔·德翁。米歇尔·德翁是法国著名作家，他当时很年轻（香奈儿比他大 40 岁），在文学界还不算很有名。当香奈儿给他讲述自己的经历时，他听得很认真，也非常感兴趣。

德翁的性格比较随和，风趣幽默，热情好客，而且观察力很强。香奈儿说什么他就写什么，从来不要求解释。这让香奈儿非常满意。经过不断的努力，德翁终于在 1953 年完成了初稿，详细地记录了香奈儿的生平。可惜的是，这部初稿最终没有出版，而被德翁毁掉了，因为香奈儿后来反悔了，不想让它出版。

香奈儿一直对自己早年的生活进行隐瞒，对于这一点，德翁是知道的。他之所以只是按照香奈儿的口述照写，而没有追根究底，是因为他对香奈儿早年的苦难经历很同情。看到香奈儿讲述时充满幻想的眼睛（幻想自己的童年很幸福），他不忍心打破这份幻想。他觉得香奈儿如果没有幻想就很难活下去。

对于香奈儿来说，向别人不断地讲述自己的故事，也许是她当时最好的宣泄方式；要彻底摆脱孤寂和无聊的困扰，工作是唯一有效的长久办法。

再回时尚界，重新创造属于自己的辉煌，这是香奈儿的心愿，也是她新的目标。

PART 5

晚年的辉煌：

香奈儿成为真正的传奇

（1954—1971）

70 岁，对任何一个人来说都算高龄了。安度晚年是这个年龄段的人应该考虑的主要问题。然而，香奈儿却选择了东山再起。

幸运的是，香奈儿成功了。她又站在了时尚界的金字塔顶，成了时尚界的标杆。

演绎完最后的辉煌之后，香奈儿悄然归去，留下永远的传奇。

第十二章

重返巴黎，东山再起

你可以穿不起香奈儿，也可以没有多少衣服可供选择，但你一定要拥有一件最重要的衣服，那件衣服叫作“自我”。

——可可·香奈儿

美国之行，看到了崛起的希望

1953 年，已经 70 岁的香奈儿决定东山再起。作为曾经的“时尚女王”，她不想长时间地游离于时尚界之外。设计制作服装已经成为她生命的一部分，而且是最为精彩的一部分，她不甘心就此放弃。

世界时尚环境发生了很大的变化。由于“二战”期间巴黎被德国人占领，几乎与外界隔离，经济一落千丈，而美国则一片繁荣，时尚名流大部分跑到美国去了，所以纽约成了时尚之都，领导了全球的时尚风潮。

法国巴黎时尚界那些曾经与香奈儿竞争的对手和同行大多走向了没落或者死亡。

1950 年，夏帕瑞丽关闭了自己的时装店。“二战”爆发前，夏帕瑞丽去了美国，战争结束后又回到了法国，在巴黎重新开创自己的时尚事业。1945 年，夏帕瑞丽推出新的服装系列，主要特点是自然扁圆形、波浪状衣摆的黑色礼服。结果，时代潮流已经变化，夏帕瑞丽的风格成了过去式，她再也无力恢复战前的辉煌。

被称为时装界“皇冠上的明珠”的珍妮·朗万也于1946年去世了。这位天才女服装设计师创立了著名的朗万（Lanvin）品牌，为巴黎成为时尚之都做出了卓越的贡献。

顶尖服装设计师的缺失，成为巴黎被纽约抢去时尚潮流风头的原因之一。

对于香奈儿而言，要想重返时尚界，必须先去新的时尚之都纽约看看。

1953年春天，香奈儿来到了纽约。在纽约逗留期间，她经常去玛格丽特（在瑞士认识的朋友）家做客。她们一起聊天，谈论时尚。她还认识了亚历克斯和塔蒂亚娜·利伯曼夫妇。这夫妻俩也是法国人，1940年德军占领巴黎之前成功地逃离后来到了美国。利伯曼后来成了《时尚》杂志主编。香奈儿还经常去拜访莫娜·威廉姆斯。莫娜是当时美国首富哈里森·威廉姆斯的夫人，她曾经穿着香奈儿的服装拍摄了一组非常有名的照片。

在纽约，香奈儿参观了许多服装设计师的新作品。她摸准了时尚潮流发展的脉搏，对自己重新出山有了更多的信心。

来到纽约，香奈儿还有其他的目的。香奈儿香水公司的纽约分公司打算重新装修，而设计工作则邀请香奈儿来做。服装设计与装修设计虽然不是一个概念，但基本审美和技能是相通的，所以香奈儿欣然接受了这份挑战。她的装修设计很成功，使公司整体呈现出一种典雅、时尚、大方的风格。

3 个月后，香奈儿离开美国，返回了巴黎。

香奈儿时装店重新开业

1954 年年初，香奈儿时装店重新开业了。已经 71 岁高龄的香奈儿开始了重新复出的努力。

从纽约回来后，香奈儿就加快了复出的步伐。她重新住进了丽兹酒店，为进入工作状态做准备。

香奈儿卖掉了法式别墅，而筹备资金只是其中的一个原因，更深层的原因是她想与过去舒适无聊的生活告别，回到工作中来。她不想被奢华的生活所控制，让度假占用太多的时间。她需要把更多的时间投入工作中去。康朋街的产业中，除了 31 号留了下来，其他的都被她卖掉了。她要收缩战线，集中力量，一炮打响，重新屹立在世界时尚界的巅峰。

像一个热血沸腾的斗士，香奈儿随时准备勇猛出击。虽然时间带走了她美丽的容颜，留下满脸的皱纹，但独立勇敢、倔强坚强、永不服输的精神，以及深入骨髓的魅力一直陪伴着她。她要证明自己还是那个让人追随崇拜的“时尚女王”，并且续写传奇。

香奈儿把康朋街 31 号重新装修了一遍。除了一楼还在营业售卖香水和饰品，二楼和三楼已经闲置了好久。“二战”刚结束的时候，她会不时地回到这里，在空房子里来回踱步，脑海里不断闪现这里曾经的景象——穿着新品的模特一个一个从她的面前走过，旁边整齐摆放的人体模特模型，众多缝纫机声构成的美妙的音乐，到处是忙碌的身影……虽然她拥有很多财富，包括珠宝和房子，能够享受奢华的生活，但她觉得很空虚，这一切远没有脑海中闪现的景象让自己感到幸福和激动。现在，想要的幸福马上就要来了，香奈儿感慨万千。

装修之后，康朋街 31 号内的一切焕发了生机：旋转楼梯上的镜面全部更换，闪着亮晶晶的光芒；地板都换成黑色，而且一尘不染，

旋转楼梯上的香奈儿

显得厚重典雅；墙壁散发出象牙白的柔光，与地板形成强烈的对比，呈现出神秘、梦幻般的氛围；天花板上安装着大型水晶吊灯，与镀金的椅背交相辉映，甚是好看。

香奈儿把康朋街 31 号的三楼作为自己的日常居所。她在这里工作、休息和会客，而晚上睡觉则会去丽兹酒店。在三楼巨大的客厅里面，摆放着各种物品——令人目眩神迷的赭红色与金黄色中国乌木漆面屏风，造型奇特精致的狮像、人马像雕刻，珍贵的麂皮长沙发，象征着幸运与永恒的山茶花和麦穗图案，还有书籍，这一切都呈现出一种简朴的奢华。

摆在香奈儿面前的任务非常艰巨。一是人手问题。由于战乱，香奈儿原先的班底早已分崩离析，为了生计，那些设计师们各奔前程。现在，香奈儿必须想办法把他们重新召回来。她想办法联系他们，并对他们说："快点回来吧，我们只有 10 年的青春岁月了。" 刚开始，香奈儿组建起的工作团队规模很小，包括几个设计师、一个人体模特和一个女装配工。二是对市场的把握。当时，巴黎人对服装的兴趣非常模糊，没有很明显的偏好。对于战乱后的人们来说，能生存下来已经非常不容易了，谁还会特别在意自己穿什么？这是一个服装潮流空白期，要想引导潮流，必须把握准方向，否则很难成功。

香奈儿迎难而上，不断努力。最终，她召回了最优秀的服装设计师和裁缝，还雇用了一批身材和气质都很出色而且拥有良好教养的模特。

香奈儿非常重视模特，对模特的要求很严格。当时，服装设计主要在纸上绘制样图，然后由裁缝照着图纸裁剪缝制，而香奈儿则完全不同，她直接在模特身上设计服装。在香奈儿丈量、裁剪、缝制、修改、打磨的过程中，模特要一直待在那里，随时配合香奈儿的工作。而且这些工作往往不会一次成功，需要一次又一次地重复。

即将发布新品的设计缝制，香奈儿都是亲自动手，参与其中。

“我是在人体模特身上设计衣服的”

在服装设计上，香奈儿投入了巨大的精力和心血。不服输的性格和重新在时装界崛起的决心，让古稀之年的她焕发出了年轻人的朝气。那把象征着权威的裁剪刀又挂在了她的脖子上，设计台和模特成了她的重心，她像一个走向战场的战士，热血沸腾地发起了冲锋。她要恢复以前的荣光，再次成为世界瞩目的“时尚女王”。虽然身体已经衰老，皱纹爬上脸和脖子，两只手也变得干枯而瘦削，但她的眼神依然坚定而犀利，她的心依然火热而执着。

在《香奈儿的态度》一书中，有这样的描述：“香奈儿是复仇女神，她激流般的声音，仿佛喷涌而出的岩浆，她说出的字句像枯枝爆裂一样铿锵有声，她的语调越来越像上了年纪的人，日益专注，愤世嫉俗……整个巴黎都误以为这座奥弗涅的火山已经休眠了。”是的，香奈儿又满血复活了。要强的她不会永远沉寂下去。

香奈儿全情投入，不知疲倦地进行设计，精心准备自己战后的第一场时装秀。她忍受着胃病和手指风湿的折磨，坚持工作。她要用这场时装秀引导人们对服装的兴趣方向，证明自己还是曾经的那个香奈儿。

为了保持神秘，调起人们的胃口，香奈儿拒绝接受采访。当时，人们对于香奈儿还是非常感兴趣的，那些记者无法当面采访，就开始搜寻香奈儿以前的照片和资料，包括她的设计理念、朋友以及那些风流韵事。

香奈儿对自己的设计很自信。她嘲笑那些男设计师，说他们只是在图纸上设计服装，而她则是在人体模特身上设计服装。有人问香奈儿，新一季服装系列马上就要推出了，她对此有什么具体的计划。香奈儿骄傲地说："这个无法预料，因为通常直到时装秀的前一天，我都在修改我的服装。我是在人体模特身上直接设计的。"

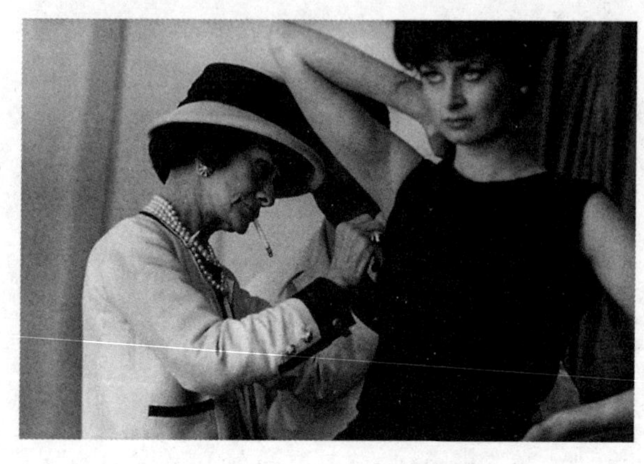

香奈儿在模特身上设计服装

香奈儿是一个追求完美的人，她不允许自己的服装有任何瑕疵。就在她的首场时装秀举办的前一个晚上，她还在修改自己的服装。她趴在地板上，要求模特穿上将要推出的服装从她的面前一个一个走过。她检查得很仔细，包括每一个皱褶、针脚。只要发现有任何不好的地方，她都会重新修改，精益求精，直到自己满意。比如袖孔，就被她打磨成了独一无二的工艺秘密——香奈儿的服装，总是那么贴合身体，不管你是怎样的身材，她的衣服都能动静相宜，好像是从身体里长出来的一样。

在香奈儿修改服装的时候，模特需要一直站在那里，任由她在她们身上丈量，裁剪，缝制，打磨，一遍又一遍，直至筋疲力尽。

即将举办的时装秀有近百件单品，全部由香奈儿亲自手工缝制。

有一个模特穿的衣服，香奈儿修改了二十多次。这是个烦琐细致的活，没有一定的耐心和毅力是很难完成的。当那个模特穿上最终修改好的衣服站在众人面前时，大家都被震惊了。一件多么完美的艺术品啊！

在服装设计上，香奈儿还是坚持自己以前的理念：简洁大方，舒适美观。在她看来，穿衣服不只是给别人看，更重要的是自我的享受。紧身衣虽然突出了女人的身材，但这种身体被紧紧捆绑的感觉让人很不爽。只有宽松得体，才能够让女人真正享受穿衣的乐趣。

艰辛的努力终于有了结果，时装秀已经准备妥当，香奈儿严肃而疲惫的脸上露出了一丝笑容。

失败的复出首场时装秀

1954年2月5日，巴黎康朋街31号，香奈儿举办了准备已久的时装秀，同时正式宣布复出。之所以选择这个日期，是因为5是她的幸运数字。

为了扩大时装秀的影响力，香奈儿邀请了众多时尚社交圈的名人，包括一些重要人士、记者、摄影师和杂志编辑，以及重要的客户。

香奈儿盛装出席——黑色的礼帽和短上衣，白色的衬衫，烟灰色的羊毛裙，再配上烈焰红唇，耳坠明珠，环佩叮当，显得高贵优雅，活力四射。虽然已经年逾古稀，但她的身材依旧保持得很好，一点都不显老。

观看香奈儿时装秀的人很多，座位很快就满了，有些人不得不站在后排的椅子上。人们充满了好奇，这个离开时尚界多年，而且年过古稀的女人，在经历事业低谷、幽居他乡之后，凭什么还能够东山再起?

一切准备就绪之后，模特们开始登上展示台。香奈儿坐在旋转楼梯的尽头，向模特挥手示意，让她们尽情表演。

模特们身上戴着号码牌，伴随着优美典雅的音乐迈步走上T型台。她们步履从容，节奏感十足，用肢体诠释着服装之美。然而，台下并没有出现香奈儿期待的兴奋和赞美，反而是失望和沉默。

当最后一个模特展示完，人们纷纷离场，就像看了一部糟糕的电影一样，怀着不满和失望迫不及待地逃离。很快，现场仅仅剩下香奈儿几个要好的朋友，他们非常紧张，不知道该怎么办，只是生硬地向香奈儿表示祝贺。香奈儿的脸色很难看，一言不发，她的眼神依然坚定而倔强，但却闪过了一丝痛苦和无奈。

毫无疑问，香奈儿复出的第一场时装秀搞砸了。

各种负面的评论扑面而来，英国和法国的媒体不断发表评论：

“黑色的外套和白色的衬衣，再加上一条不紧不松的裙子……看起来毫无乐趣可言，显得非常无聊。……所有人都是冲着香奈儿的名气而来，但这次服装秀没有达到想要的效果。”

“通过这次服装秀，我们就意识到香奈儿已经不属于这个时代了。时尚已经发展了15年，而她还停留在过去……那个狂妄的小黑影已经迈着大步走向了深渊！”

“如果你暗淡了下来，想要依靠过去的名声是很难再次吸引公众的注意的。”

“这场时装发布会挺让人感动的，你能感觉到似乎回到了 1925 年。”

……

其实，在这些批评和嘲笑的后面还隐藏着另外一层意思，即人们对于香奈儿在“二战”期间行为的惩罚。虽然最终没有确认她是德国间谍，但人们的质疑并没有消失。“我们绝不穿亲德派、卖国贼的衣服！”许多法国人这样说。

香奈儿承受了很大的压力。康朋街 31 号的气氛沉闷而严峻，一切美好的期待都随着这场时装秀而烟消云散。

这次时装秀的主要出资人，一个是香奈儿，另一个是韦特海默兄弟，虽然他们双方因为 5 号香水的事闹得很不愉快，但毕竟还是合伙人。皮埃尔·韦特海默坚决支持香奈儿复出，虽然质疑和反对的声音不少，但他不为所动。作为生意人，他很清楚香奈儿的价值，可他也没有想到时装秀会是如此结果。时装秀结束几天之后，皮埃尔·韦特海默拜访了香奈儿。香奈儿疲惫不堪，有些沮丧，但她对皮埃尔·韦特海默说：“我不能放弃，我一定要坚持下去，那些反对的人最终都会懂的。”

确实，香奈儿不是一个轻易服输的人。她对自己的设计理念，对自己的事业有非常清醒的认识。她有自己的想法，不会随波逐流。她坚信，曾经的香奈儿能够获得大众的认可，成为时代的潮流，那么现在的香奈儿同样也能够做到。

好事多磨，坚持逆流而上

坚持不懈、努力奋争的人，往往会得到命运的垂青和奖赏。

对于香奈儿复出以及时装秀，欧洲的大部分媒体给予了负面评价，并极力嘲笑和讽刺，而且对于她在“二战”期间和德国人交往的事也是耿耿于怀。但是，美国媒体却给了截然相反的评价。它们为香奈儿的服装系列带头喝彩。

美国版《时尚》杂志在 1954 年三月刊上对香奈儿的服装系列进行了大篇幅的报道。在杂志的卷首页上，是身穿香奈儿亲自设计服装的模特——玛丽·赫莲娜·阿尔诺。海军蓝水手草帽，白色细棉衬衫，海军蓝针织外套，优雅的裙子，这一切让玛丽显得优雅大方，充满活力。这套服装就是著名的海军套服。

美国版《时尚》杂志编辑贝蒂娜·巴拉德是一个法国人，也是香奈儿的好友。她用热情饱满的笔墨大量地介绍了香奈儿的传奇故事以及她的服装系列。而且，贝蒂娜还当起了香奈儿的免费模特——她定制了香奈儿的服装新品，并穿着它们参加各种时尚展示会和聚会。当有人问起她所穿的衣服时，她就会热情地进行介绍。

同时，美国最畅销的周刊《生活》杂志也对香奈儿进行了积极的介绍。“世界最著名香水背后的名字。”这是《生活》杂志长达四页介绍的标题。该杂志认为，香奈儿那些被看作是吃老本的设计，本身就是在塑造未来。香奈儿创造的“不仅是一种时尚，更是一场革命”。

这些宣传和推广，使得香奈儿的名气在美国迅速升温。对于舒适轻便、简洁优雅的香奈儿套装，美国人非常喜欢。香奈儿服装在美国受到了热烈追捧，订单如雪片一样飞来。

香奈儿从时装秀的失败中走了出来，她的坚持得到了回报。相对于千疮百孔的欧洲，“二战”之后的美国更具活力，消费市场也更加巨大。

香奈儿一直让玛丽为自己寻找更多的模特，而玛丽也没有辜负她的期望。玛丽找到了一批具有良好教养的社交女性。这些女人是天生的“衣服架子”，是流动的“活广告”。她们是社交场合的焦点，而她们所穿的衣服则是焦点中的焦点。香奈儿总是向这些女孩推销自己的服装，并免费送给她们衣服。慢慢地，人们都称她们为“香奈儿女孩”。

香奈儿能够逆袭，在美国获得巨大成功，并不是因为她的服装有多么新的创意，而是因为她深深地明白美国女性的真正渴求，并不断地创造能够为她们带来自信的服装。

有意思的是，随着香奈儿在美国的知名度越来越高，法国的媒体也悄悄地转变了风向，开始给予香奈儿积极的评论。

法国时尚杂志《ELLE》刊登了香奈儿新推出的服装系列，并给予好的评价。随后，法国版《时尚》杂志也对香奈儿赞美不已，似乎忘记了之前的嘲讽。

法乔德出版集团的老板约翰·法乔德与香奈儿共进午餐，并给予她很高的评价，说她是“史上最伟大的设计师”。约翰·法乔德当时是《女装日报》欧洲办事处的主任，后来成为该报发行人。《女装日报》是服装行业首屈一指的行业报，被称为“时尚圣经”。所以约翰·法乔德在时尚界很出名，具有举足轻重的地位。他对香奈儿的认同和肯定，给予了香奈儿很大的帮助。

渐渐地，香奈儿重新得到了世界的认可和欢迎。

“我只穿香奈儿5号入睡”

不管是香奈儿离开时尚界，还是重返时尚界，在韦特海默兄弟的运作下，香奈儿 5 号香水一直在卖，而且销量不错。而且，香奈儿 5 号香水也是香奈儿收入的一个重要来源。

香水是女人的最爱。一缕香气，万种风情。香水不单纯是一种物质，更是一种精神，她代表高雅、自信和修养。在社交场合，不管是擦肩而过的瞬间，还是礼节性近距离接触中，一缕淡而不浓、香而不过、恰到好处的香气，比任何语言与姿势都更动人。她会不经意地显现女人柔美与清艳的品质，让女人在无形中绽放出妩媚与风情，从而赢得更多的尊重和亲近。香奈儿 5 号的独特魅力，让女人深深地沉迷。

美国著名影星玛丽莲·梦露曾经说过一句话，让香奈儿 5 号香水的名气更甚。

玛丽莲·梦露拍的香奈儿5号香水广告

1954年，玛丽莲·梦露和新婚丈夫乔·迪马吉奥（美国著名的棒球运动员）来到日本度蜜月。在有200多人参加的招待会上，许多记者和摄影师不停地按着相机的快门。

其中一段小插曲是这样的。一个记者问玛丽莲·梦露："请问您夜里穿睡衣吗？"

面对这个轻佻而难堪的问题，玛丽莲·梦露莞尔一笑，回答说："我只穿香奈儿5号睡觉。"

要知道，玛丽莲·梦露风靡全世界，是许多男人心中的"性感女神"。她的话成了香奈儿的最佳广告。

香奈儿5号成了全球最受欢迎的香水。许多社会名流都是香奈儿5号香水的粉丝。比如：格蕾丝·凯利，世界著名演员，与玛丽莲·梦露、奥黛丽·赫本齐名，后来与雷尼尔三世结婚，成为摩纳哥王妃；伊丽莎白·泰勒，世界著名演员，第33届、39届奥斯卡最佳女主角得主；劳伦·白考尔，世界著名演员、模特，获得第82届奥斯卡金像奖“终身成就奖”……

如果世界上独有一款香水随着时光流逝散发着历久弥新的魅力,那就是香奈儿5号。年复一年,香奈儿5号愈加迷人,愈加神秘，愈加深邃。

可惜的是，香奈儿虽然创造了这个著名的香水品牌，但最终没有一直拥有它。1954年冬天，香奈儿在外甥孙女小加布里埃尔的陪伴下来到纽约，与韦特海默兄弟进行谈判。

此前，虽然香奈儿在双方较量中获得胜利，但只是得到了经济方面的利益，无法改变韦特海默兄弟对香奈儿香水的经营控制权。说实在话，香奈儿香水能够风靡世界，韦特海默兄弟功不可没。他们一直在努力经营着这个品牌。

香奈儿与韦特海默兄弟的谈判进行了好几个月，最终的结果是韦特海默兄弟买断了香奈儿的所有股份。香奈儿只保留了创作权。

对香奈儿而言，她可以放下包袱，全心全意打理自己的服装生意，有更多的时间和精力轻松地做自己喜欢的任何事。

经典的Chanel 2.55

在香奈儿创造的所有经典中，Chanel 2.55 手袋绝对占有一席之地。

1955 年 2 月，香奈儿发布了手袋系列，其中最著名的当属 Chanel 2.55。香奈儿确实与“5”很有缘分，她的服装新品会选择有 5 的日子发布，她的香水最著名的也是 5 号。

香奈儿很有商业头脑和眼光，她对女人很了解，总能敏锐地发现市场的痛点，并及时出击。

当时，女人的手包都是拿在手上，或者夹在腋下，这非常不方便。对女人来说，随身必须携带小包，放置各种日用品，但手里拿一个包，几乎干什么都受到影响，而且还容易丢失。而香奈儿设计的 Chanel 2.55 手袋解决了这些问题，因为它可以挎在肩上，也可以提在手里。同时，精美的外观，高档的用料，精细的制作，独特的装饰，使得香奈儿的手袋很快赢得了女人的心。

对此，香奈儿说："我已经受够了老是用手拿着，却还是常常把手包忘在某个地方。于是我就在包上加一条背带，把它挎在肩上。"

在 Chanel 2.55 的制作设计上，香奈儿费了很多心思，各种细节都经过了仔细的琢磨。Chanel 2.55 的特点主要体现在以下几个方面。

金属链条：Chanel 2.55 的背带是一根平滑的金属链条。这条金属链条设计非常复杂，许多金属小环串扣在一起，非常有质感。香奈儿是在修道院中长大的，肩链的设计灵感也是来自修道院，当时修道院的修女有一条类似的链子系在自己的腰间，这给香奈儿留下了很深的印象。

菱格纹：Chanel 2.55 的表面是菱格纹。这种图案不易变形，非常耐用，香奈儿非常喜欢。菱格纹的设计灵感来自马术运动。香奈儿很喜欢马术运动，而赛马师所穿的绗缝外套就是这种图案。

众多夹层：Chanel 2.55 的体积并不大，但包里面却有 3 个小夹层，有的放口红，有的放小情书……女人的日常用品都能放进去。

夹层的酒红色：Chanel 2.55 夹层里的色彩是酒红色的，这和外面的黑色形成鲜明的对比，令人印象深刻。

小羊皮：Chanel 2.55 使用的小羊皮，后来也用小牛皮、鳄鱼皮等。香奈儿非常喜欢小羊皮，这种皮子手感很弱软，像婴儿的皮肤，摸起来非常舒服。

方扣：Chanel 2.55 最经典的地方就是这个原创方扣。这个方扣被命名为“Mademoiselle Lock”，译意为“小姐之锁”，代表香奈儿终生未嫁，所以她一辈子都被人称呼为香奈儿小姐。

随着岁月的流逝，Chanel 2.55 愈发迷人，成了永恒的经典。

现在，许多女人都以拥有 Chanel 2.55 而自豪。看看那些大牌女明星、女富豪、有钱人的太太、高级女白领，逛街、聚会等出现在各种公众场合的时候，不少人会挎着 Chanel 2.55。

香奈儿再次向世人证明，即使古稀之年的她，仍然具有杰出的创造力。

重夺时尚界的第一把交椅

1956 年，舞台剧《茶与同情》在巴黎大剧院上演，而女主角的服装就是香奈儿设计并制作的。随后，香奈儿还完成了《朱门巧妇》女主角在巴黎首映式上的所有礼服。许多女明星都成了香奈儿的客户，让香奈儿为她们设计造型。

1957 年，香奈儿又推出了一款经典作品——双色半高跟女鞋。米色鞋身配黑色鞋头，让这款女鞋展现出了独特的魅力。而且，这种双色鞋很实用，堪称百搭鞋，能够搭配多种套装，所以很受女性的喜爱。

香奈儿说："鞋子是优雅的点睛之笔。"正因为对女性心理以及着装的深刻理解，香奈儿才会创造出真正的经典作品。

香奈儿设计双色鞋的灵感来自对日常生活的敏锐观察。当时，女性的鞋子都是单色的，几乎与所穿套装的颜色保持一致。这在时

穿着香奈儿双色鞋的模特

尚先锋香奈儿看来，显得太过保守古板，缺乏活力。她要把女人从这种单一的束缚中解放出来，让女人从“脚”开始，重新焕发优雅的魅力。她发现，网球、高尔夫等诸多运动都在草地进行，为了防止鞋头弄脏后不美观，因此采用了黑色鞋头，受此启发，于是她产生了把女鞋设计成双色的想法。

随着各种新品的推出，香奈儿的知名度更高了，她重新夺回了时尚界的第一把交椅。

1957 年 9 月，香奈儿获得了美国时尚界的最高荣誉——奈门·马科斯奖。这次奖项在美国达拉斯颁发，香奈儿亲自前往领取。

在此期间，香奈儿接受了《纽约客》杂志的专访。

《纽约客》是一份美国知识、文艺类的综合杂志，以非虚构作品为主，包括对政治、国际事务、大众文化和艺术、科技以及商业的报道和评论。

在采访的时候，香奈儿表示，刚开始复出时她的服装受到了冷遇，但美国人表现出了巨大的热情。对此，她非常感谢。当记者问她为什么退隐那么长时间的时候，她睿智地说：“在我心底我从来没有退隐。”

虽然香奈儿已经是一个70多岁的老人了，但她的心态依然年轻。她对《纽约客》杂志的采访记者说：“我的年纪不小了，但我感觉很年轻。等到我觉得老了的那一天，我会爬上床再也不下来。我爱生活，我觉得活着是一件非常棒的事情。”

通过交谈，采访记者被征服了。她对香奈儿赞叹不已：“我们见过这个时代不少魅力非凡的人物，但没有人能够超越香奈儿女士。这位伟大的服装和香水设计师……如此强烈地影响着女性时尚。74岁高龄的香奈儿女士仍然好看得令人惊叹……具有20岁女子般勇往直前的活力……”

在20世纪50年代最后几年，香奈儿的成功还在延续。每个服装季，她都会做出变化多端而又极具吸引力的新品。比如缀有蝉翼纱的无肩带晚礼服，用蕾丝面料做成的过膝晚礼服，用蕾丝做成的无肩带紧身喇叭裙，里面配有黑色紧身衬裙。

媒体对于香奈儿的赞美一直没有停止。《时尚》杂志表示，如果时尚就是围着女人旋转，那么其旋转的动力就来自可可·香奈儿。巴黎的任何服装系列都无法与香奈儿相比。香奈儿坚持认为女人远比衣服重要，现在这种理念已经遍布时尚界。

进入 20 世纪 60 年代，女性对于香奈儿的追捧热度依然不减。特别是那些著名的女演员、豪门贵妇，往往会大量购买香奈儿的产品，包括服装、手袋、香水以及珠宝配饰。其中最著名的当属法国总统乔治·蓬皮杜的夫人和美国第一夫人杰奎琳·肯尼迪。肯尼迪夫人非常迷恋香奈儿的设计，不仅穿戴的几乎都是香奈儿品牌，而且还进行收藏。据说，她家好几个房间里全是香奈儿的产品，几乎是一个小型陈列室。

香奈儿成了标杆，许多服装设计师都在模仿她。对此，香奈儿表示，“抄袭和模仿，是对我成功最大的认可和奖励”。

第十三章

永远的香奈儿：我并未逝去，只是睡着了

愿我的传奇常留世人心中，永远鲜明如新！

——可可·香奈儿

晚年，工作成了唯一寄托

时光荏苒，白驹过隙。晚年的香奈儿还在继续着自己的服装事业。

香奈儿对工作的执着让人震惊。她会一直忙碌着，直到身边所有的人都累得筋疲力尽。每套衣服她都要调整十几次，不放过任何一个细节。她会在脖子上挂着剪刀，用手轻拍衣服的不同部位，仔细检查。她身边的工作人员说，曾经有一套服装，她前后修改了 35 次才满意。

香奈儿的严格要求让她的服装保持了强盛的生命力。当然，时代在发展，人们的时尚观和需求也在变化，这难免对香奈儿造成很大的冲击。

1965 年，法国服装设计师安德烈·库雷热发明了迷你裙。香奈儿对此提出了批评，并把库雷热形容成“祸根”。但她也不得不承认，“我没有权利去评判，因为这个时代已经不属于我了。我的时代已

这是属于香奈儿的光芒

经结束……我经常觉得周围的一切很陌生……我不理解他们。”

库雷热的回应很有意思，他说：“我是马特拉（法国汽车品牌）或法拉利，而香奈儿是劳斯莱斯。她的风格比较实用，但显得太安静了。”

虽然法国时尚设计师非常尊敬香奈儿，但无法挽回她逐渐下滑的影响力。香奈儿已经不再是时尚界的 No.1 了。

许多新崛起的设计师，让香奈儿的光环暗淡了下来。人们还是会抱着好奇的心理来看香奈儿举办的时装秀，毕竟，香奈儿是曾经的传奇。但和以前相比，来的人少了很多，向她祝贺的人就更少了。这让她想起了自己以前说的话：“一个世界结束了，另一个世界就会出现……”

香奈儿非常坚强，虽然在时代的洪流中她已经不是最耀眼的弄潮儿，但她依然高傲地抬起头，挺起胸，认真严谨地做着自己的工作。

香奈儿热爱自己的工作，为服装设计倾注了毕生的心血。在晚年，工作成了她唯一的寄托。她不允许任何人影响自己的工作，包括她本人。只要没有特别重要的事情，她都会按时出现在工作室。只有待在这里，她才会感到充实和心安。当拿起剪刀裁剪衣服的时候，她的专注和虔诚让人感动。《时代周刊》曾经报道过香奈儿，称她为“优雅时尚的高级女祭司”。

香奈儿早已把为女人设计衣服当成自己的使命和天职，每一次新品发布会她都会竭尽全力地去做好。

设计和裁剪已经融入了香奈儿的血液，成了她终生的习惯。《女装日报》的老板法乔德讲述了他之前与香奈儿共进午餐时的情景：即使在吃饭的时候，她都把剪刀放在身旁。她发现自己外套上有一个线头，便开始拉扯修剪起来，似乎在做一件新外套。她一边挥舞着剪刀，一边滔滔不绝地说着，像机关枪一样。

一个 80 多岁的女“工作狂”总是让人崇敬和感动。

《可可》音乐剧

1965 年，摄影师塞西尔・比顿来到康朋街拜访了香奈儿。他是受百老汇戏剧制作人弗雷德里克・布瑞森所托，洽谈《可可》音乐剧的事情。这部音乐剧正是根据香奈儿的亲身经历所创作的。

比顿告诉香奈儿，大洋彼岸的美国人对她的传奇很感兴趣，从好莱坞到百老汇，从制片人到导演，大家都希望伟大的可可・香奈儿出现在银幕或舞台上。他们会投入巨资来打造《可可》。

然而，香奈儿并没有答应。也许童年所留下的阴影让她畏惧，她不想重温那段不堪回首的记忆；也许她不想让自己的人生被搬上舞台，成为别人茶余饭后消遣的谈资。

虽然事情没有谈成，但香奈儿给比顿留下了深刻的印象。比顿在日记中这样写道："香奈儿一身淡米色，配有深红和海军蓝双色绲边，显得很纤瘦……她的身上散发着好闻的香水味。她的眼睛颜色像三色堇一样，睫毛浓密黝黑。她的皮肤保养得很好，但一双手很特别——像农民的手。这是她唯一显得苍老的部分。”

弗雷德里克·布瑞森仍然不死心，他亲自带着夫人来到巴黎宴请香奈儿，并到香奈儿康朋街的沙龙为其捧场。他甚至邀请准备扮演香奈儿的凯瑟琳·赫本来到巴黎，与香奈儿会面。凯瑟琳是好莱坞最著名的演员之一。

1967 年，香奈儿终于松口，同意布瑞森进行《可可》音乐剧的筹排。不过，剧本进行了调整，删除了香奈儿的童年和青年时期，重点放在她奋斗创业的后半生。

1969 年 12 月，《可可》被搬上了舞台。香奈儿答应作为特邀嘉宾去纽约为这部音乐剧捧场。为此，她还给自己设计了一套漂亮的晚礼服。对于主演凯瑟琳·赫本，香奈儿非常满意，并说："她真的身价很高。”

可遗憾的是，就在将要动身前往纽约的前一周，香奈儿的身体出现了问题。她的右手突然出现麻木的症状，失去了知觉，似乎是中风了。毕竟她已经 87 岁高龄了，岁月不饶人。

香奈儿不得不取消行程，住进了医院。

《可可》音乐剧引起了很大轰动，上演了 300 多场，售出了 100 多万张门票。对于著名影星凯瑟琳·赫本和曾经的传奇“时尚女王”香奈儿，人们给予巨大的热情。

对此，《时代周刊》做了如此报道："情节和香奈儿套装一样，没有悬念……她的设计在巴黎时装界日益没落，但来自大洋彼岸的人们（美国人）却依然捧她。”

香奈儿在医院住了一段时间，她的心里很着急，服装新品发布会马上就要到了，而准备工作还没有完成。等到右手稍微恢复了一些，香奈儿就回到了她的工作室。即使无法拿起剪刀，香奈儿也要投入工作，回到自己的“战场”。

对于一个真正的战士来说，缺席重要的战役将是非常遗憾和痛苦的事情。

风光外表下面的孤独与凄凉

随着时间的流逝，年龄的增长，香奈儿的身体状况越来越差。虽然她一直认为自己很年轻，但逐渐严重的关节炎和风湿病却在不断地提醒她——你老了。

为了止痛，香奈儿大量地服用止痛片、镇静剂和维生素。这对她的身体健康造成了很大的影响。但她很少去看医生，她不想把自己的痛苦和怯懦展现给别人。

相对于肉体上的疼痛，内心的孤独更让香奈儿痛苦。表面上，香奈儿倔强而严厉，高傲而优雅，雷厉风行，精明干练，但在内心深处，终生没有结婚生子的挫败和失落感，童年被抛弃的恐惧感，始终如幽灵一样盘旋徘徊。所以，她很喜欢和孩子待在一起。她的外甥孙女小加布里埃尔结婚后生了两个儿子，这两个孩子成了她心灵的慰藉。她会尽量抽时间陪着两个小家伙看小画册，耐心地逗他

快走到人生尽头的香奈儿

们玩，与他们说话。这时，她对成年人的严厉完全消失了，只剩下了一个老人对重孙的慈爱和温和。

在香奈儿的晚年，陪伴她的除了小加布里埃尔，还有密友克劳德·德雷、秘书丽罗·伯朗克、管家弗朗索瓦·麦诺德、女仆席琳。特别是后面三位，完全负责照顾香奈儿的日常工作和生活。

克劳德·德雷是精神病专家让·德雷的女儿，也是一位心理分析学家。她是香奈儿最重要的朋友之一，也是香奈儿晚年生活的见证者。

香奈儿曾经对克劳德说："当我一个人的时候，我不想吃饭，因为饭桌的另一边没有人，我连一个说话的人都没有。"所以，克劳德经常陪香奈儿吃饭，以尽量减少香奈儿的孤独。克劳德说："……我和加布里埃尔在丽兹酒店吃饭，有时也会在她的套房里吃饭。吃完饭要走时，我总觉得自己在犯罪……"

克劳德经常看见香奈儿独自一个人坐在梳妆台边上，静静地凝视楼房下面的花园，眺望远处的树林，也目睹了香奈儿注射类似于吗啡的药物。晚年的香奈儿，很多时候依赖药物才能睡觉。在克劳德看来，这种药物是香奈儿在夜晚抵抗孤独入侵的最后一道防线。

丽罗·伯朗克能够成为香奈儿的秘书，主要是因为哥哥的关系。丽罗的哥哥是个演员，认识一些有身份的朋友，而这些朋友与香奈儿很熟。丽罗跟着香奈儿工作了十几年，直到香奈儿去世。香奈儿的脾气不好，经常冲着丽罗大喊大叫，说要解雇她，当然从来没有付诸实施。丽罗非常尊敬香奈儿，也理解香奈儿的痛苦，所以每周都会抽出一两天陪香奈儿吃晚饭。

弗朗索瓦·麦诺德来自乡下，很年轻单纯，也很幽默谦虚，与香奈儿那些世故的朋友完全不同。香奈儿非常喜欢和信任弗朗索瓦，所以让他当自己的管家，并给了他很多钱，还给他买了一套公寓。

弗朗索瓦常常陪在香奈儿的身边，照顾她的生活，陪她吃饭、工作、旅游。

有一次，香奈儿他们去瑞士旅行。她当着丽罗的面问弗朗索瓦：“你愿意娶我吗？”弗朗索瓦显然被吓到了，他愣了一下，随后慌忙离开了。弗朗索瓦觉得受到了伤害——自己成了一个靠老女人吃软饭的小白脸。而且，他也不相信香奈儿会真的爱上自己。

弗朗索瓦离开之后，香奈儿很烦躁，晚上需要加大药量才能入眠。她在弗朗索瓦身上寄托了感情，以缓解孤独的侵袭，然而弗朗索瓦却离开了。这让她又一次感受到了被抛弃的恐惧。

6 天之后，丽罗才在一家酒店找到了弗朗索瓦，并把他劝回到了香奈儿的身边。弗朗索瓦回来之后，香奈儿很高兴，情绪也稳定了很多。

不久之后，他们返回了巴黎。香奈儿再也没有提她和弗朗索瓦之间的事情，一切恢复了正常。

在巴黎期间，香奈儿一直住在丽兹酒店，前后至少住了 17 年。虽然她在康朋街也有公寓，但那里大多数时间是她工作、接待客人、临时休息的地方，丽兹酒店才是她正式居住的地方。

对许多人来说，高档酒店豪华、方便、舒适，住在里面是一种享受。但酒店就是酒店，是旅人落脚的地方，而不是家。住在酒店里面，人的心没有归属感，灵魂总是漂泊不定，很难有真正的宁静和踏实。而香奈儿却是一直住在丽兹酒店，在内心深处，她觉得自己是一个没有家的人。每当一个人静静地躺在丽兹酒店豪华的床上时，她似乎又回到了童年时所处的修道院，同样的孤独和空虚。

孤独、寂寞和缺爱，让 80 多岁的香奈儿变得有些古怪。她有时非常暴躁，强势而严厉，而有时却非常脆弱，无助而可怜。

在人生的道路上，香奈儿已经走到了末段。

给自己购买墓地

香奈儿很讨厌过周末。每到周末的时候,她的情绪就非常低落。对许多人来说，周末意味着休息和放松，意味着与家人团聚，共同享受温馨快乐的时光；而对香奈儿来说，周末则是无聊和孤单，是无法排遣的痛苦。最终，香奈儿找到了周末的去处——墓地。

拉雪兹墓园位于巴黎东部，是巴黎市内最大、最有名的墓地，占地面积达到 118 英亩。法国的许多名人都埋葬在这个墓园里。在周末的时候，香奈儿经常让司机把她送到这里。虽然这个墓园没有她的朋友和亲人，但她就是喜欢在这里散步，流连忘返。

在童年的时候，香奈儿就经常一个人去奥弗涅的墓地玩耍。当时，生活艰苦，父母也顾不上管她，而且别的孩子也不喜欢与她玩，她就去了奥弗涅的墓地。那里虽然荒草丛生,但很清静,没有人打扰，她可以自由地玩，尽情地想象。她把这里想象成自己的王国，而她就是女王，墓里面的那些死人就是她的臣民，而且她还会和这些“臣民”对话。有时，她还会把自己的破布娃娃带到墓地，也让它加入自己的“臣民”中去。在这个墓地里，她感到了少有的快乐。

现在，香奈儿已经80多岁了，走在拉雪兹墓园里，童年的记忆像幻灯片一样不断在脑海中闪现。她很享受这种被记忆包围着，漫无目的地在墓地中闲走的快感。

香奈儿决定给自己买一块墓地，她要着手准备自己的后事。但令人意外的是，她没有在拉雪兹墓园里购买，而是在瑞士的洛桑挑选了一处。

随着时间的流逝，香奈儿的许多朋友和亲人都已离世。

1953年，她最富有的情人西敏公爵死于心脏病。

1954年，她的第一个情人艾提安·巴勒松被公交车撞死了。

1955年，她的小姑、闺密阿德里安娜去世了。

1960年，她的诗人情人皮埃尔·勒韦迪死了。

1965年，她的合伙人、老对手皮埃尔·韦特海默去世了。

现在，只有她还孤零零地、倔强地活在人世间。

虽然预感到自己未来的路不会太长了，而且还要面对如影随形的孤独和寂寞，但要强的香奈儿没有退缩，仍然坚持工作，对每季新品服装投入的热情与以前相比，没有任何减少。

香奈儿走到人生的最后几年时，出现了新的困难——梦游。以前，香奈儿的梦游只是偶尔出现，而随着年龄越来越大，她的梦游症状越来越严重。

香奈儿经常会半夜起来，有时会在房间里或者丽兹酒店的过道、楼梯上疲惫地徘徊；有时会像个孩子一样蹲下哭泣；有时会拿起剪刀把窗帘、床单、毛巾剪断，改变它们的样式，然后把它们小心翼翼地摆放在地板上；有时会拿着剪刀，坐在梳妆台前胡乱地戳刺，把睡衣剪得破烂不堪；有时会走进浴室，一遍又一遍地洗手。由于梦游，香奈儿多次跌倒，被剪刀戳伤，或者碰伤和擦伤。

香奈儿的状况吓坏了她身边的人。席琳和丽罗想收走剪刀，但她死活不同意。对于香奈儿来说，剪刀是她最亲密的伙伴，她一刻也不想让它离开自己。最后，香奈儿做出妥协，同意她睡觉的时候把她绑在床上。

香奈儿曾经对朋友说："我从来不知道自己到底想忘记什么，也许是一直困扰我的事。为了忘记，我就会做一些其他的事情。"这或许就是她梦游的主要原因。

她睡着了，永远……

1971 年 1 月 9 日，星期六。这是一个香奈儿非常讨厌的周末。她仍然在紧张地设计自己的服装。2 月 5 日快到了，她必须举办好每年的第一次服装新品发布会。

当天下午 1 点多，克劳德来到丽兹酒店拜访香奈儿。她们在楼下的餐厅一起吃了午饭，然后乘车去了香榭丽舍大街。

她们先后逛了龙尚的跑马场、协和广场等地。穿行在巴黎的大街小巷，香奈儿感慨万千。

巴黎给了香奈儿太多的回忆：

在这里，她彻底摆脱了第一个情人艾提安·巴勒松，开始了独立；

在这里，她的事业开始起步，并逐渐做大；

在这里，她与“最爱的人”亚瑟·卡佩尔度过了最幸福的一段时光；

在这里，她与恩尼斯·鲍、韦特海默兄弟合作，创造伟大的香奈儿5号香水；

在这里，她与米西亚、毕加索等密友热切地交谈；

在这里，她与皮埃尔·勒韦迪探讨浪漫的诗歌世界，与西敏公爵亲密约会；

在这里，她与夏帕瑞丽进行激烈的竞争；

在这里，她遭遇了战火的伤害，被迫关闭服装店；

在这里，她因为与德国人交往而被逮捕，随后退出时尚界，避难瑞士；

在这里，她东山再起，重新站在时尚界的顶端。

她一生经历了太多，爱情、事业、友谊、亲情等交织在一起，大起大落，变幻莫测。她一步步地走了过来，整整走了88年。

天渐渐黑了下来，香奈儿与克劳德告别之后，就乘车返回了丽兹酒店。女仆席琳正在房间等着她。她说自己很累，想躺着睡一会儿。没等席琳帮她脱掉外衣她就倒在床上睡了过去。

晚上8点多，香奈儿醒了过来，她告诉席琳，自己想吃一些东西。正当席琳准备点餐的时候，香奈儿突然大喊起来，让席琳打开窗户，她说自己喘不过气来了。

席琳马上冲到香奈儿的床前，想要查看到底怎么了。席琳看见香奈儿的脸色很可怕，脸部肌肉痛苦地抽搐着，而且她正试图自己注射药品。席琳赶紧上前帮忙，给香奈儿打了一针，随后给医生打电话。在打针的过程中，香奈儿竟然喃喃自语：“你看，这就是一个人死亡的方式。”

就在这天晚上，香奈儿永远睡了过去，告别了自己奋争了一辈子的人世间。

1971 年 1 月 10 日，香奈儿去世的消息发布了。一时之间，各种报纸的头版头条都是香奈儿去世的报道。

她走了，但小黑裙依然是女人优雅的标配；

她走了，但香奈儿 5 号香水的芬芳依然让每一个女人陶醉；

她走了，但经典的 Chanel 2.55 手袋依然是女人的最爱；

她走了，但被运用到香奈儿珠宝、服饰中的山茶花元素依然动人心魄；

她走了，但双 C 标志依然散发着夺目的光彩。

几天之后，香奈儿的葬礼在康朋街附近的玛德琳教堂举行，主要操办者是她的外甥孙女小加布里埃尔。

参加香奈儿葬礼的人很多，包括她的亲人，她的朋友和对手，还有她的一些员工和模特。

香奈儿静静地躺在棺椁里，似乎是睡着了，安详而宁静。棺椁的四周摆满了山茶花、兰花、栀子花等各种白花，上方是圣母玛利亚圣像。

人们都默默地向香奈儿告别，为她祈祷。

香奈儿的安葬地在瑞士洛桑，那是她为自己选择的长眠之地。

香奈儿的墓碑

墓碑很简单，装饰物只有五只狮子和一个十字架，内容只有她的名字和生卒年份：

加布里埃尔·香奈儿

1883—1971

康朋街31号依然矗立在那里，无数的裁剪刀在挥舞，一个个模特在试衣，似乎一切都没有变，但似乎一切都不一样了。

法国文化部前部长、小说家、评论家安德烈·马尔罗曾经说："这个世纪的法国，只有三个名字会流传于后世：戴高乐、毕加索和香奈儿。"

香奈儿的生命终止了，一个极致优雅的时代结束了，但她的传奇永不朽！